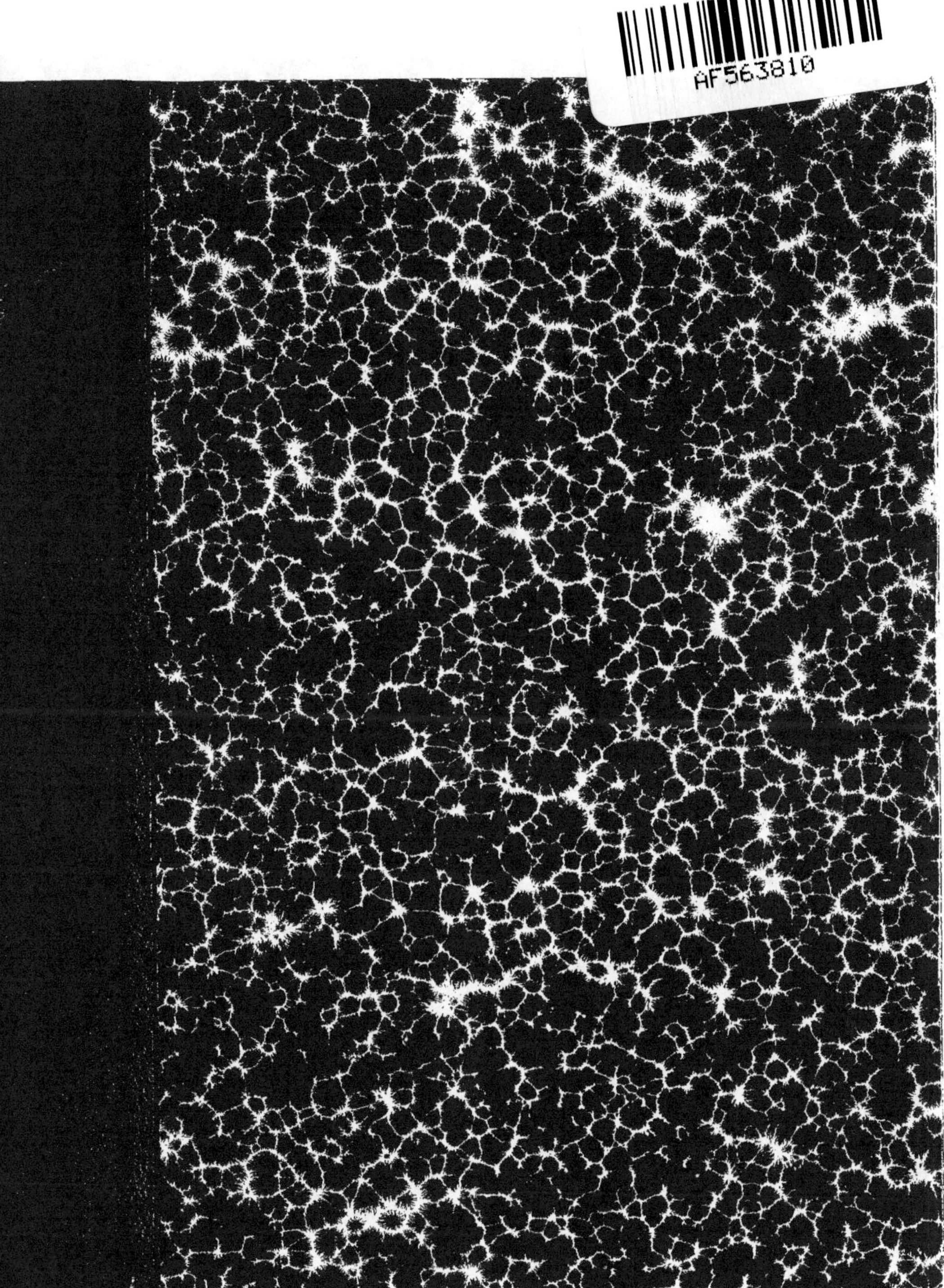

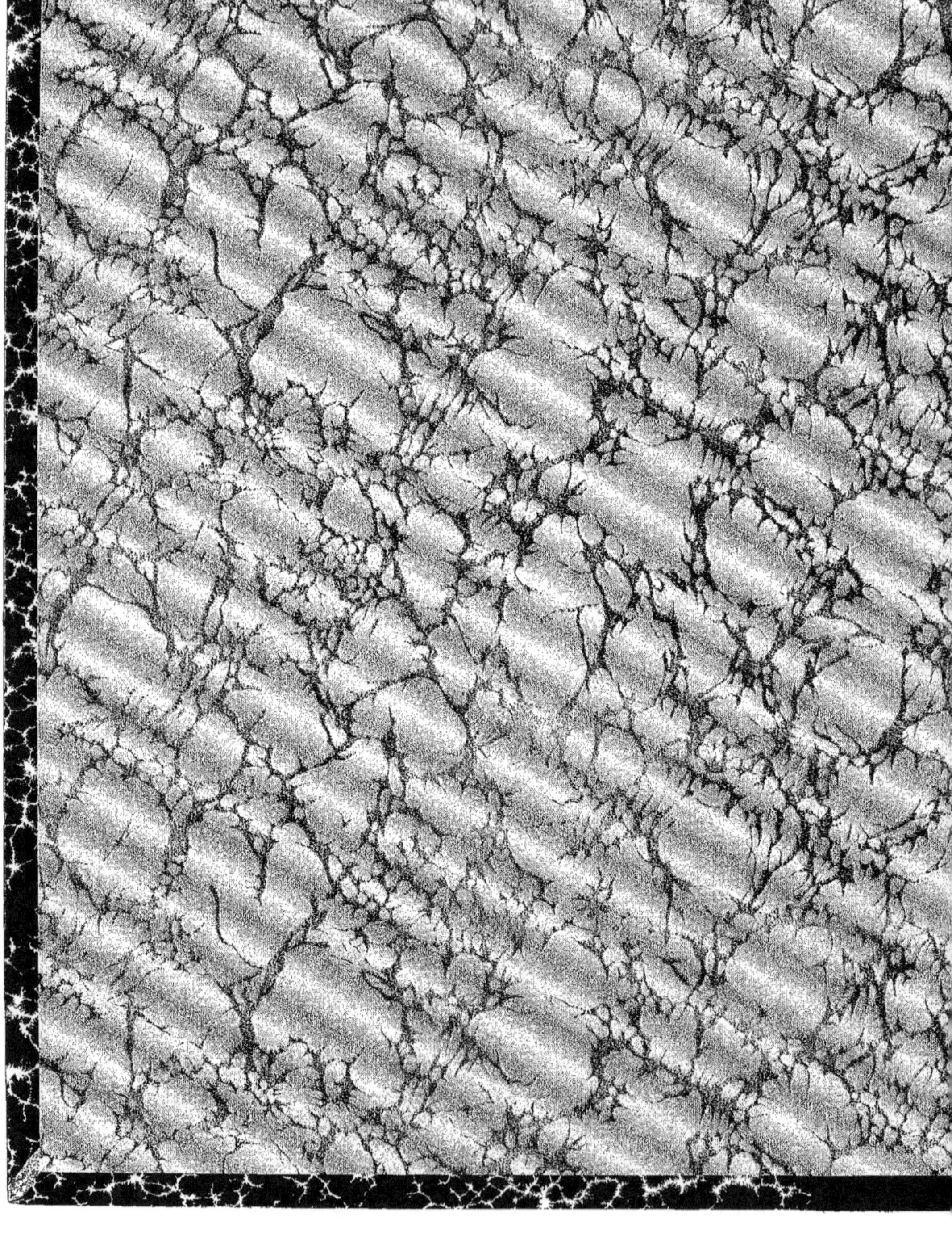

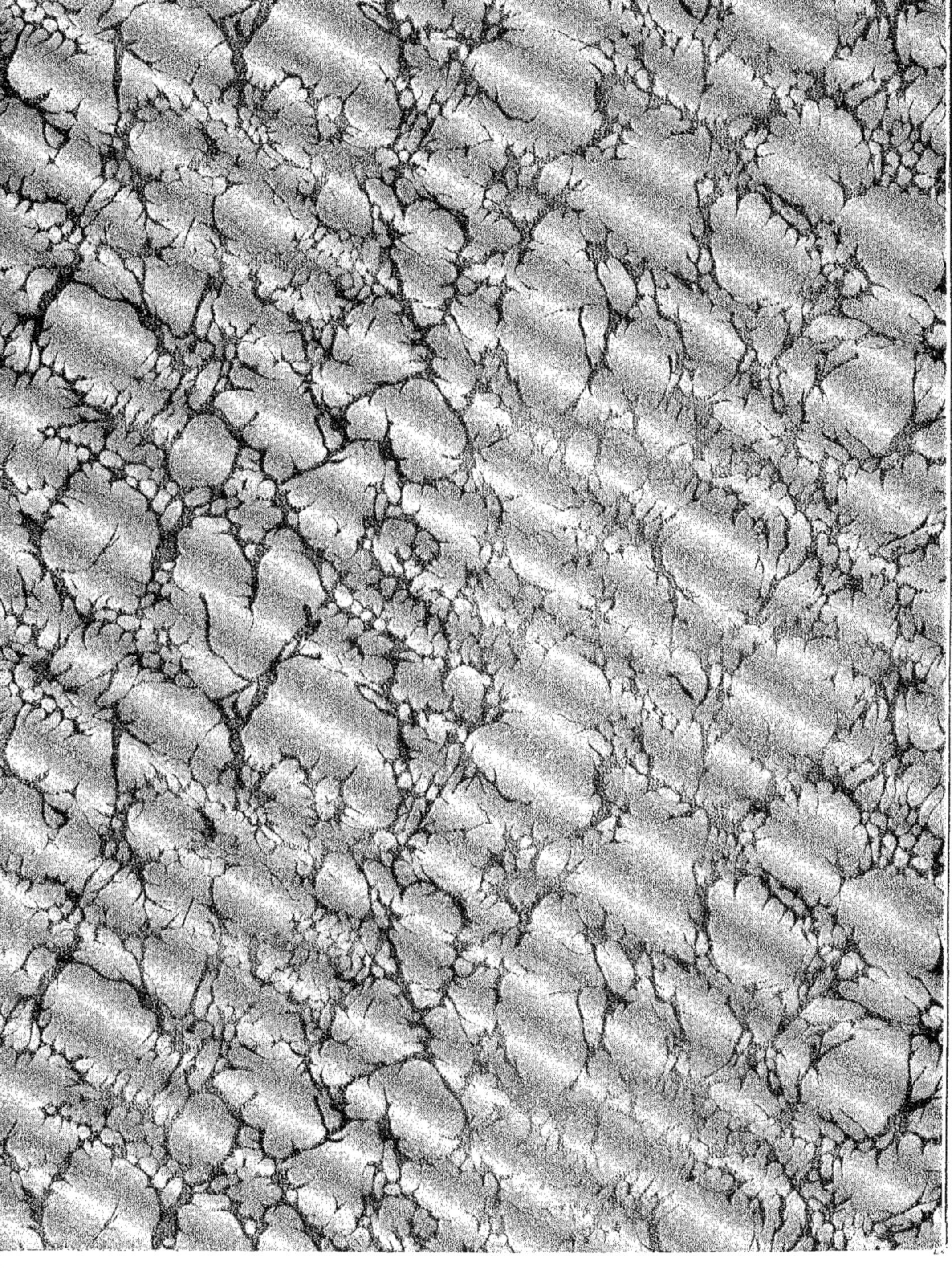

DEUXIÈME EXPÉDITION ANTARCTIQUE FRANÇAISE

(1908-1910)

COMMANDÉE PAR LE

Dr JEAN CHARCOT

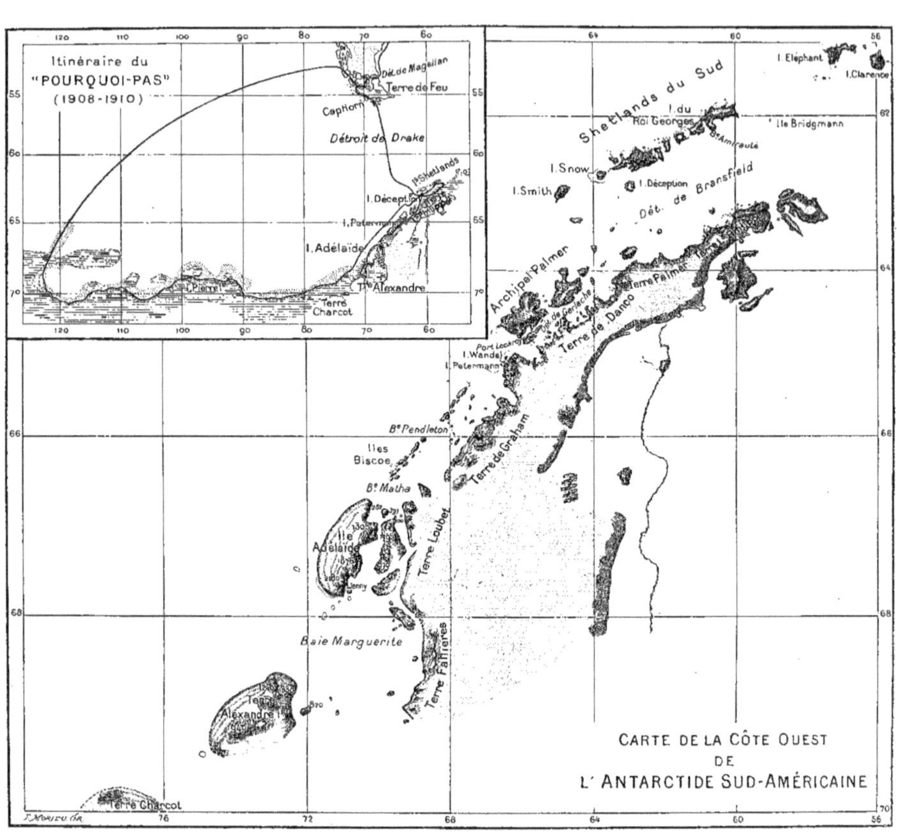

CARTE DES RÉGIONS PARCOURUES ET RELEVÉES PAR L'EXPÉDITION

MEMBRES DE L'ÉTAT-MAJOR DU " POURQUOI-PAS "

J.-B. CHARCOT

M. BONGRAIN. . . . . Hydrographie, Sismographie, Gravitation terrestre, Observations astronomiques.
L. GAIN. . . . . Zoologie *(Spongiaires, Échinodermes, Arthropodes, Oiseaux et leurs parasites)*, Plankton, Botanique.
R.-E. GODFROY . . . . Marées, Topographie côtière, Chimie de l'air.
E. GOURDON . . . . Géologie, Glaciologie.
J. LIOUVILLE. . . . . Médecine, Zoologie *(Pinnipèdes Cétacés, Poissons, Mollusques, Cœlentérés Vermidiens, Vers et Protozoaires, Anatomie comparée, Parasitologie)*.
J. ROUCH. . . . . Météorologie, Océanographie physique, Électricité atmosphérique.
A. SENOUQUE . . . . Magnétisme terrestre, Actinométrie, Photographie scientifique.

OUVRAGE PUBLIÉ SOUS LES AUSPICES DU MINISTÈRE DE L'INSTRUCTION PUBLIQUE

SOUS LA DIRECTION DE L. JOUBIN, Professeur au Muséum d'Histoire Naturelle.

DEUXIÈME EXPÉDITION ANTARCTIQUE FRANÇAISE

(1908-1910)

COMMANDÉE PAR LE

D[r] JEAN CHARCOT

SCIENCES PHYSIQUES : DOCUMENTS SCIENTIFIQUES

ÉTUDE SUR LES MARÉES

PAR R.-E. GODFROY

Enseigne de vaisseau de première classe

MASSON ET CIE, ÉDITEURS

120, B[d] SAINT-GERMAIN, PARIS (VI[e])

LISTE DES COLLABORATEURS

MM. Trouessart............ *Mammifères.*
Anthony et Gain..... *Documents embryogéniques.*
Liouville............ *Phoques, Cétacés* (Anatomie, Biologie).
Gain................. *Oiseaux.*
Roule................ *Poissons.*
Sluiter.............. *Tuniciers.*
Joubin............... *Céphalopodes, Brachiopodes, Némertiens.*
Lamy................. *Gastropodes et Pélécypodes.*
Vayssière............ *Nudibranches.*
Keilin............... *Diptères.*
Trouessart et Berlese. *Acariens.*
Neumann.............. *Pédiculines, Mallophages, Ixodides.*
Bouvier.............. *Pycnogonides.*
Coutière............. *Crustacés Schizopodes et Décapodes.*
Mlle Richardson........... *Isopodes.*
Calman............... *Cumacés.*
De Daday............. *Entomostracés.*
MM. Chevreux............ *Amphipodes.*
Cépède............... *Copépodes.*
Quidor............... *Copépodes parasites.*
Calvet............... *Bryozoaires.*
Gravier.............. *Polychètes, Alcyonaires et Ptérobranches.*
Hérubel.............. *Géphyriens.*
Germain.............. *Chétognathes.*
Railliet et Henry..... *Helminthes parasites.*
Hallez............... *Polyclades et Triclades maricoles.*
Kœhler............... *Stellérides, Ophiures et Échinides.*
Vaney................ *Holothuries.*
Pax.................. *Actiniaires.*
Billard.............. *Hydroïdes.*
Topsent.............. *Spongiaires.*
Pénard............... *Rhizopodes.*
Fauré-Frémiet........ *Foraminifères*
Cardot............... *Mousses.*
Mme Lemoine.............. *Algues calcaires.*
MM. Gain................. *Algues.*
Mangin............... *Phytoplancton.*
Peragallo............ *Diatomées.*
Hue.................. *Lichens.*
Metchnikoff.......... *Bactériologie.*
Gourdon.............. *Géographie physique, Glaciologie, Pétrographie.*
Bongrain............. *Hydrographie, Cartes, Chronométrie.*
Godfroy.............. *Marées.*
Müntz................ *Recherches sur l'atmosphère.*
Rouch................ *Météorologie, Océanographie physique.*
Senouque............. *Magnétisme terrestre, Actinométrie.*
J.-B. Charcot........ *Journal de l'Expédition.*

ÉTUDE SUR LES MARÉES

Par R.-E. GODFROY

ENSEIGNE DE VAISSEAU DE PREMIÈRE CLASSE

AVANT-PROPOS

Depuis plus de deux cents ans que la théorie des marées occupe les plus savants des mathématiciens, la région antarctique leur a toujours semblé être l'une des plus intéressantes du globe au point de vue de l'étude de ce phénomène, qui doit s'y développer dans des conditions particulièrement avantageuses pour la vérification des théories et des hypothèses.

La situation exceptionnelle de notre zone d'exploration, sur le bord de l' « anneau antarctique » qui fait à cette latitude le tour de la terre sans rencontrer de continent, a depuis longtemps attiré l'attention des théoriciens, pour qui se trouvaient réalisées, en cette partie du monde, les conditions théoriques auxquelles ils devaient supposer tout le globe terrestre soumis pour pouvoir aboutir dans leurs calculs.

Le Pr G. Darwin, s'exprimant récemment sur l'opportunité de ces études de marées, disait :

« La région antarctique est la seule sur terre où les conditions théoriques dans lesquelles peuvent s'étudier les oscillations de marées se trouvent réalisées approximativement dans le sens où une solution dynamique complète a été atteinte, parce qu'il n'y a que là où l'on trouve un océan ininterrompu tout autour de la planète. Il est vrai que l'existence des océans Pacifique et Atlantique doit introduire des conditions qui diffèrent largement de celles que réclame la théorie ; mais malgré tout il paraît clairement important d'obtenir des observations dans un océan qui se conforme, quoique grossièrement, aux desiderata théoriques, surtout quand nous savons que des observations en cette région font presque entièrement défaut. » (*Antarctic Manual.*)

Whewell, dont la théorie fut longtemps en faveur, se représentait les marées comme prenant naissance dans la vaste région antarctique entièrement recouverte d'eau comprise entre le cap Horn, le cap de Bonne-Espérance, l'Australie et les terres du Pôle Sud. De ce berceau annulaire les marées devaient se propager ensuite vers le Nord par les divers océans. Cette manière de voir fut du reste assez rapidement mise en doute après la constatation, précisément aux alentours du cap Horn, d'une importante perturbation qui obligea Whewell à modifier quelque peu sa théorie.

Dans sa nouvelle et séduisante conception, basée sur le principe de la résonance, M. Rollin. A. Harris place la terre de Graham dans le système semi-diurne sud-pacifique avec l'heure 6 comme heure cotidale. Mais, dans cette région, pour laquelle, du reste, manquant d'observations, il s'est laissé aller à l'hypothèse, les lignes cotidales qu'il trace sont en complet désaccord avec nos propres résultats. Et nos observations semblent prouver qu'en réalité le canal de Drake, où il semblait que toute la marée dût se passer comme le veut la théorie, présente au contraire des anomalies considérables qu'elles mettent en lumière.

Il se trouve donc que cette région subit un régime de marée très complexe et très troublé au lieu du régime normal que sa situation semblait lui assurer et qu'il était permis d'y supposer.

Les observations de marées dans les régions antarctiques sont toutes récentes et encore peu nombreuses ; si l'on en excepte les observations faites en 1902 à bord de la « Discovery », commandée par le capitaine Scott, de l'autre côté du continent sud-polaire, toutes les observations que l'on y possède actuellement se rapportent à notre secteur d'exploration.

En 1882, à la baie d'Orange, voisine du cap Horn, le lieutenant de vaisseau Courceille-Seneuil relevait, à l'aide d'un marégraphe, environ une année d'observations continues.

En 1903, l'expédition écossaise, commandée par le Pr Bruce, hivernant à Scotia-Bay, île Laurie, dans les Orcades du Sud, observa la marée pendant trois mois. L'appareil de mesure employé consistait en un long fil, tenu au fond de l'eau par un poids lourd, passant à bord dans une poulie supportée par un bossoir, et portant à son extrémité un contre-poids qui s'élevait et s'abaissait avec la marée le long d'une échelle. La banquise dans laquelle le vaisseau était pris suivait la marée, dont la hauteur se mesurait ainsi par celle du poids. Ce procédé de mesure, qui à notre avis manquait de la précision que l'on doit exiger dans de telles observations, a cependant permis le calcul des constantes harmoniques des ondes principales de la marée aux Orcades.

En 1904, au cours de la première expédition française dirigée par le Dr Charcot, le lieutenant de vaisseau Matha a enregistré, à l'aide d'un marégraphe, cinquante journées d'observations qui lui ont permis le calcul des éléments de marée à l'île Wandell.

Enfin, nous-même avons pu observer deux cent vingt-cinq journées à Port-Circoncision, dix-huit journées à l'île Déception et quelques périodes plus courtes en différents points de la côte antarctique.

Dans ces différents groupes, il n'en est malheureusement aucun qui comporte au moins une année d'observations ; il suffit évidemment, pour les besoins de la navigation, de traiter des périodes de quinze jours qui permettent d'obtenir les six ondes principales, mais ce n'est pas à ce point de vue que l'étude des marées est intéressante dans ces régions où l'on ne navigue pas ; il faudrait, pour posséder tous les éléments d'une étude générale des marées de ces parages intéressants, établir en différents points des observatoires destinés à fonctionner plus d'une année. Mais les exigences de l'exploration ne s'accordent guère avec la nécessité d'un séjour aussi prolongé en un même lieu, et les différentes recherches scientifiques dont sont chargés les membres d'une expédition comme la nôtre exigent, au contraire, des déplacements fréquents, qui interdisent, dans ces conditions, tout espoir de pouvoir relever une année complète d'observations au même point.

Quoi qu'il en soit, nous avons fait de notre mieux pour rapporter le maximum possible de renseignements pour cette étude dont nous avons eu l'honneur d'être chargé, et, si nos résultats sont considérés comme satisfaisants, il nous faut dire que nous en devons le succès aux moyens qui ont été mis à notre disposition, et en particulier à l'emploi du marégraphe de M. Favé. Les conseils puisés dans l'enseignement de M. l'ingénieur hydrographe en chef Rollet de l'Isle nous ont permis la discussion de ces résultats, que M. H. Poincaré nous a fait le grand honneur de communiquer à l'Académie des sciences.

Nous présentons dans ce fascicule nos recherches sur les marées antarctiques observées au cours de l'Expédition française au Pôle Sud. Dans une première partie, nous donnons la description des appareils employés et un rapport sur leur usage et leur fonctionnement. Ces pages, volontairement très détaillées, ont pour but de renseigner sur nos procédés d'observation et d'en légitimer l'utilisation ; les deux appareils enregistreurs dont nous disposions étant encore peu connus, il était utile d'en donner une rapide description.

Les méthodes de calcul que nous avons employées étant celles qui sont généralement adoptées en ces sortes de recherches, il était inutile de les exposer en détail, et nous nous contentons d'exprimer les résultats qu'elles nous ont donnés.

La discussion de ces résultats et quelques recherches sur les ondes météorologiques et le transport de la marée dans la région de notre exploration terminent cet exposé de notre modeste étude.

CHAPITRE PREMIER

DESCRIPTION DES APPAREILS EMPLOYÉS LEUR FONCTIONNEMENT

L'observation des marées dans les régions antarctiques, au cours de l'Expédition française au Pôle Sud (1908-1910), a été assurée par le fonctionnement des deux marégraphes dont nous disposions : un marégraphe plongeur Favé et un marégraphe ou hydromètre stable Richard.

Plusieurs échelles de marées permettaient, en outre, les lectures directes et donnaient, par comparaison, l'étalonnage minutieux des appareils enregistreurs.

Marégraphe plongeur Favé (1).

(Modèle construit par M. Jules Richard, d'après les plans de M. l'ingénieur hydrographe en chef Favé.)

Cet appareil a pour but, d'une part, d'enregistrer les marées à proximité de la côte, lorsque l'installation de marégraphes d'autres systèmes ou l'observation des hauteurs sur une échelle n'est pas possible ; d'autre part, de permettre l'étude du phénomène au large. L'appareil est disposé pour fonctionner par des fonds atteignant au maximum 200 mètres ; il pourrait être adapté à de plus grandes profondeurs.

L'instrument n'enregistre pas directement la hauteur de l'eau, mais la pression à laquelle il est soumis qui varie avec la profondeur à laquelle il se trouve au-dessous de la surface. Il fonctionne, par suite, comme un baromètre du fond de la mer.

Deux tubes manométriques Bourdon sont enfermés dans une enceinte

(1) Cette description se rapporte au marégraphe 1908. On la trouvera plus en détail dans les *Annales hydrographiques* de 1910, où M. Favé décrit les perfectionnements qu'il a fait subir à son appareil.

hermétiquement close. L'intérieur de ces tubes, qui sont remplis de liquide, communique avec la mer. Si l'on immerge l'appareil et qu'on le laisse reposer sur le fond, il enregistre les variations de pression produites par les variations de hauteur de l'eau (1).

L'extrémité mobile de chacun des tubes porte une lame flexible appuyant une pointe sur un disque de verre couvert d'un enduit très mince. Les tubes sont disposés de façon que les mouvements de chacune des pointes se produisent dans des sens opposés, lorsque la pression varie. Le disque tourne par l'action d'un mouvement d'horlogerie, et les pointes, qui se meuvent sensiblement suivant un rayon, tracent deux courbes dont l'écartement mesure la pression. L'emploi de deux pointes évite les erreurs dues au jeu de l'axe portant le disque.

Fig. 1.

Le mouvement des pointes, n'étant pas amplifié par des leviers, n'a qu'une très faible étendue. Il se mesure en portant le disque sous un microscope micrométrique.

La figure 1 représente l'appareil sur lequel on voit le cadran servant à la lecture des heures. Les disques de verre se montent sur l'axe placé

(1) L'appareil subit, évidemment, aussi l'influence des variations de la pression atmosphérique pendant la durée de son fonctionnement, variations qui s'ajoutent pour l'enregistrement à celles de la hauteur d'eau et obligent, pour retrouver uniquement celle-ci, à une correction dont nous parlerons plus loin.

au centre, et leur face couverte de l'enduit vient se placer parallèlement à la surface du cadran, à très faible distance. Les pointes portées par les tubes manométriques placés sous le cadran passent par l'ouverture P et viennent s'appuyer sur le disque. En Q se trouve une autre ouverture par laquelle passent deux autres pointes destinées à l'enregistrement des variations de la température.

La figure 2 représente l'appareil dont le cadran a été enlevé, F, F sont les tubes Bourdon. Une de leurs extrémités s'engage dans les blocs I, dans lesquels arrivent les tubes R, qui en mettent l'intérieur en communication avec la mer. Ces blocs sont fixés à la plaque G par une vis H formant pivot. Ils sont munis d'une queue serrée à son extrémité par des vis antagonistes K. Cette disposition permet de donner un déplacement angulaire à chacun des tubes, de façon que le mouvement des pointes, qui est sensiblement rectiligne, se fasse suivant un rayon.

Fig. 2.

Les tubes de Bourdon, à leurs extrémités opposées à celles qui s'engagent dans les blocs I, sont prolongés par des lames rigides L, sur lesquelles sont fixés les ressorts M qui portent en P des pointes en saphir. En Q sont deux autres pointes qui, portées par des lames bimétalliques, s'écartent lorsque la température augmente et en enregistrent les variations. Une pièce rectangulaire S, que l'on fait mouvoir au moyen du levier T, permet d'écarter à la fois les quatre pointes de la surface du disque lorsqu'on veut interrompre les tracés. Le mouvement d'horlogerie contenu dans la boîte U fait tourner l'axe V, sur lequel vient se fixer le disque.

Tout ce mécanisme est monté sur le couvercle X d'une boîte cylindrique en métal à parois épaisses sur lesquelles on le fixe au moyen d'écrous. Une rondelle de caoutchouc interposée forme un joint étanche. La figure 3 représente cette boîte. Les tubes R traversent le couvercle et arrivent au joint E, où ils sont prolongés par un tube qui les fait communiquer avec le cylindre Y. L'intérieur de ce cylindre communique avec le haut du tube B, dont le bas communique avec le bas du tube A. La partie supérieure de ce dernier tube est ouverte lorsque l'appareil est immergé.

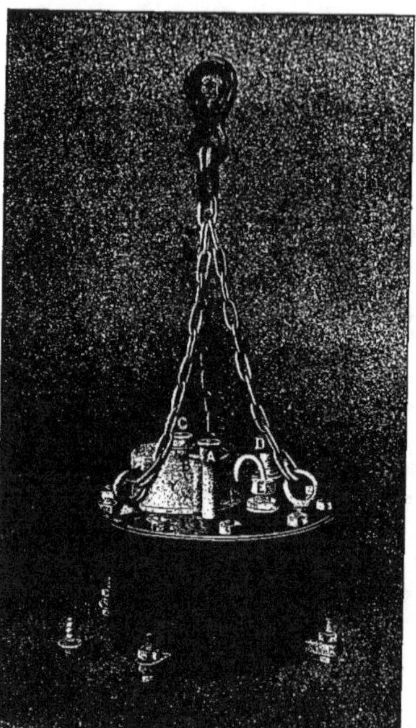

Fig. 3.

Les tubes manométriques ainsi que le cylindre Y et les tubes A et B sont remplis d'eau douce, que l'on remplace par de l'alcool lorsque la gelée, qui les ferait éclater, est à craindre. Dans les tubes A et B on peut introduire du coton hydrophile.

L'ensemble de ce dispositif a pour but d'empêcher le sel et les impuretés de l'eau de mer de pénétrer dans les tubes manométriques, dont le fonctionnement serait compromis. Lorsque l'appareil fonctionne par des petits fonds, on atténue, en mettant une quantité suffisante de coton dans les tubes, les variations de pression, produites par les vagues, qui peuvent provoquer un épaississement des traits.

L'appareil, tel qu'il vient d'être décrit, ne se prête à l'immersion qu'à une faible profondeur. En effet, les tubes manométriques doivent être assez minces pour avoir une sensibilité suffisante, et ils se fausseraient sous une pression exagérée. Si on les faisait plus épais, l'amplitude des mouvements serait trop réduite pour permettre des lectures suffisamment précises. Il faut avoir recours à une disposition spéciale.

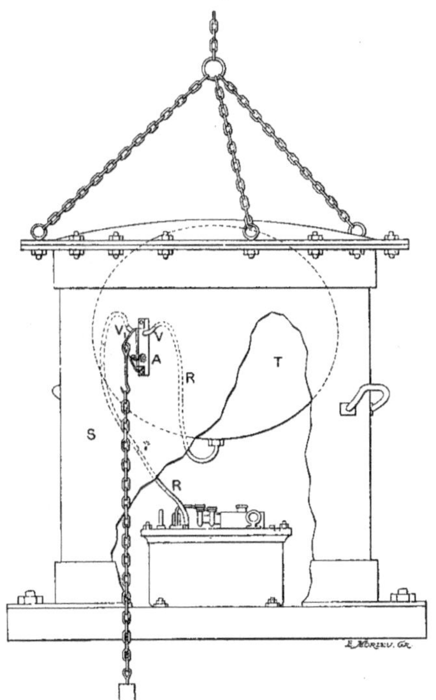

Fig. 4.

On fixe l'appareil au fond d'un cylindre de tôle S (fig. 4), dans lequel l'eau peut s'introduire librement par des trous percés dans la base inférieure et par un interstice du couvercle. Un tube de caoutchouc R, fixé sur l'ajutage D qui traverse le couvercle X (photographie 3), met en communication l'intérieur de la boîte étanche avec un sac de caoutchouc T rempli d'air. Ce tube sort du cylindre en tôle par un orifice V pratiqué dans la paroi, passe dans une pince à ressort A et rentre dans le cylindre par un autre trou V_1.

La pince, que le ressort tend à fermer, est maintenue ouverte par un poids suspendu à une chaîne. Lorsqu'on immerge l'ensemble, l'eau, pénétrant dans le cylindre, comprime le sac, et l'air est refoulé dans la boîte contenant l'enregistreur. La pression s'exerçant à l'extérieur des tubes de Bourdon fait équilibre à celle qui s'établit à l'intérieur, et aucun changement de courbure ne se produit. Lorsque le poids arrive au fond, le ressort de la pince serre le tube et interrompt la rentrée de l'air dans la boîte de l'enregistreur. La descente continuant, la pression reste constante à l'extérieur, jusqu'à ce que l'appareil repose sur le fond.

A partir de ce moment, il enregistre les variations de pression qui peuvent se produire et se trouve dans les mêmes conditions de sensibilité que

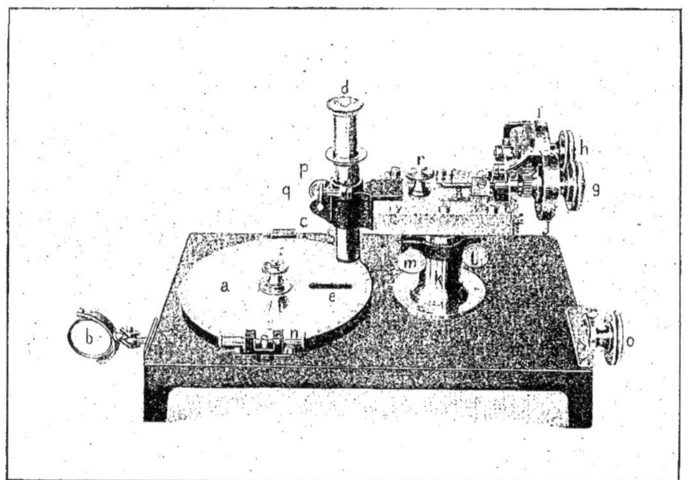

Fig. 5.

s'il était immergé à une profondeur égale à celle de la chaîne qui supporte le poids.

Lorsqu'on a sorti l'appareil de l'eau, on place le disque de verre sous le microscope micrométrique représenté par la figure 5.

Le cadran *a* sert à la lecture des heures. L'éclairage des courbes se fait par en dessous. La lumière réfléchie par le miroir *b* est renvoyée successivement sur deux miroirs placés sous la plaque sur laquelle est monté l'appareil. Elle sort verticalement par la fenêtre *c* pratiquée dans le cadran et arrive dans le microscope *d*. Ce microscope se déplace sous l'action de la vis micrométrique *f* que l'on fait tourner au moyen d'un bouton moletté *g*. Le bouton *h* donne, par une transmission à engrenage, un mouvement de translation plus rapide. Le nombre de tours de la vis, dont le pas est de $0^{mm},5$, se lit sur le tambour divisé *i* et les centièmes de tour sur le tambour *l*. L'ensemble du microscope et de son chariot peut tourner autour de l'axe du cylindre *k*. Un collier serré par le bouton *l* permet de le fixer, mais on peut lui donner un petit mouvement angulaire en tournant le bouton *m*. La vis *n* sert au réglage de la coïncidence des heures sur l'appareil enregistreur et sur le cadran du micromètre (1). Le bouton *o* sert à faire tourner le disque d'angles correspondant exactement à dix minutes de temps, ce qui évite d'avoir à mettre à l'heure à chaque pointé et abrège considérablement les opérations.

Obligé d'opérer dans des conditions de lieu et de climat le plus souvent telles que tout autre marégraphe eût été inutilisable, c'est grâce à cet appareil que nous avons pu enregistrer la plus grande partie de nos observations. Son fonctionnement a toujours été d'une sûreté et d'une précision remarquables, et en plusieurs occasions il montra des qualités de solidité exceptionnelles.

Le marégraphe, vérifié avant notre départ par les soins de M. Favé, fut étalonné par lui-même au manomètre. Dès notre passage à Rio-de-Janeiro, nous recommençâmes cet étalonnage, en mettant cette fois l'appareil à la mer dans des conditions normales de fonctionnement ; nous ne trouvâmes pas exactement les mêmes chiffres.

Plus tard, à Punta-Arenas, nous constatâmes encore une légère différence. Mais il semble qu'à partir de ce moment les tubes manométriques aient pris un régime d'élasticité bien fixe et définitif, car jamais plus, pendant plus d'une année de service, nous n'avons constaté de modification dans l'étalonnage de l'instrument.

De fréquentes lectures aux échelles de marée nous prouvèrent constamment la régularité de l'appareil, et nous pouvons dire que, trois mois après sa construction, ayant perdu les petites irrégularités qui provenaient de phénomènes d'élasticité résiduelle ou autres, inhérents à

(1) Le disque enregistreur porte un index qui permet de le placer, par rapport au cadran du micromètre, dans la même position que celle qu'il occupait par rapport à celui du marégraphe.

l'usage de matières élastiques toutes neuves, le marégraphe prit un étalonnage qui n'a jamais varié depuis.

Après avoir étudié tous les systèmes de marégraphes, existant à notre connaissance, nous nous étions décidé sans hésitation, avant le départ de l'expédition, à emporter le marégraphe plongeur de M. Favé, et nous nous félicitons de ce choix. Les circonstances ont voulu en effet que nous ayons été souvent dans des conditions très difficiles pour l'usage d'un marégraphe, où tout autre appareil ne nous aurait été d'aucune utilité.

Si l'essai de l'appareil de M. Favé avait été encore à faire, on pourrait maintenant, vu ces conditions très difficiles qu'il a supportées, inséparables d'une campagne d'études dans les glaces, conclure à un résultat des plus remarquable dont la dureté des épreuves augmente encore la valeur. Pour notre part, nous tenons à lui reconnaître le mérite de tout le succès de nos recherches ; il est hors de doute que tout autre appareil ne nous eût pas permis un travail aussi complet dans les mêmes régions et dans les mêmes conditions.

Nous trouvant par exemple en mer, amarrés pour deux jours le long de la banquise, il nous suffisait d'immerger dès l'arrivée le marégraphe plongeur et de le relever au départ pour avoir deux jours d'observations rigoureuses de la marée, alors qu'aucune échelle de marée ou autre appareil n'eût été utilisable.

Grâce à lui, nous avons pu connaître la marée en différents points où nous n'aurions même pas songé à l'observer avec d'autres instruments. Son maniement simple rendait facile la manœuvre, ce qui importait particulièrement pendant la période d'hivernage, où la nuit était de longue durée.

Nous ne croyons pas qu'il existe de marégraphe d'une utilisation aussi générale, aussi bien en pleine mer qu'à la côte. La facilité de son mouillage, la solidité dont il a fait preuve, son petit volume, la sûreté de son fonctionnement qui n'exige pas de surveillance, l'absence d'organes de transmission à distance, de tubes de caoutchouc ou de métal, d'encre et de papier pour l'enregistrement, en ont fait pour nous un précieux outil de travail, le seul même qui nous eût été possible le plus généralement,

A notre connaissance, il n'existe pas d'appareil qui eût pu nous fournir des résultats comparables.

Marégraphe Richard (fig. 6).

Un sac en caoutchouc en forme de lanterne vénitienne et rempli d'air est enfermé à l'intérieur d'une cloche pesante qui repose sur le fond. Par l'intermédiaire d'un tube métallique de très petite section, ce sac est relié à un manomètre Bourdon, dont l'extrémité libre commande, par un système de leviers, les déplacements verticaux d'une plume inscrivante qui fixe sur un cylindre enregistreur les mouvements qui lui sont communiqués. Aux variations de niveau de la mer doivent correspondre ainsi, pour le manomètre, des variations de pression que le système enregistreur inscrit.

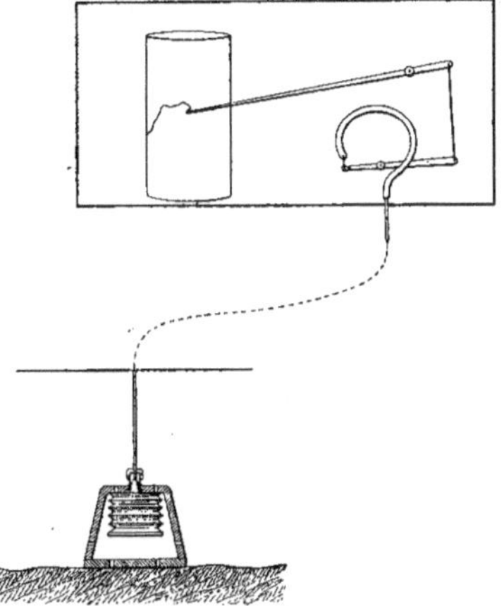

Fig. 6.

La précision de cet appareil n'est pas très grande, et il ne donne la marée qu'à quelques centimètres près. La déformation du sac en hauteur sous l'action des variations du niveau de la mer cause en effet un déplacement continu du plan horizontal au-dessus duquel la pression de l'eau agit sur le sac. Les hauteurs de marée enregistrées ne se rapportent donc pas exactement à la même cote d'origine, d'où une première erreur pour laquelle on peut, du reste, calculer une correction.

Une autre cause d'erreur provient des variations de pression de l'air contenu dans l'appareil sous l'influence de la température. Le sac en caoutchouc qui est au fond de la mer y reste à une température souvent très différente de celle du tube manométrique et de la partie du tube de transmission qui est hors de l'eau. Il en résulte une erreur que nous avons constatée, qu'il est difficile de corriger et qui peut représenter plusieurs centimètres de hauteur d'eau.

Ce marégraphe, qui n'était pas destiné à travailler dans des régions à basse température et où la surface de la mer est recouverte d'une épaisse couche de glace, nous a donné de nombreux déboires avant de fonctionner convenablement. Il nous fallut d'abord renoncer à laisser à terre l'appareil enregistreur proprement dit. Sous l'action du froid, le mouvement d'horlogerie s'arrêtait, et l'encre se congelait dans la plume. Pour combattre ces effets, l'appareil fut installé à bord, ce qui causa de nouveaux inconvénients. Le tube de transmission ayant dû être allongé, des fuites se produisirent aux raccords ; elles furent assez difficiles à étancher. En outre, il se produisit dans la partie la plus froide de ce tube, celle assez courte qui passait à l'extérieur, une condensation intérieure de toute la vapeur d'eau contenue dans l'air remplissant l'appareil ; du givre se forma qui boucha bientôt complètement ce tuyau très étroit. Nous essayâmes d'absorber cette humidité de différentes façons, mais sans grand succès. Nous finîmes cependant par y arriver en partie, en faisant passer un courant d'air chaud dans le tube que nous chauffions sur toute sa longueur pendant cette opération où une de ses extrémités restait en communication avec l'air libre. Grâce à ces précautions, le marégraphe fonctionna jusqu'à ce que la température extérieure fût à —20°. Le tube se boucha alors de nouveau.

La présence de la glace causa d'autres inconvénients : quand la surface de la mer commença de geler, le tube montant à bord fut nécessairement pris dans la couche de glace ; celle-ci, suivant les mouvements de la houle, causa plusieurs fois la rupture ou l'écrasement de cette partie du marégraphe.

Quoi qu'il en fût, cet appareil nous rendit des services importants pendant plusieurs mois et, en particulier, nous facilita le travail de dépouillement des courbes du marégraphe Favé.

L'hydromètre Richard n'est évidemment pas pratique dans les régions polaires ; son tube de transmission l'y rend embarrassant, délicat et très vulnérable. Mais il est à remarquer que les inconvénients que nous signalons existeraient moins en d'autres contrées. Placé en de plus normales et meilleures conditions, cet appareil doit avoir un excellent fonctionnement.

Un avantage important de ce marégraphe est la facilité avec laquelle on dépouille les courbes enregistrées.

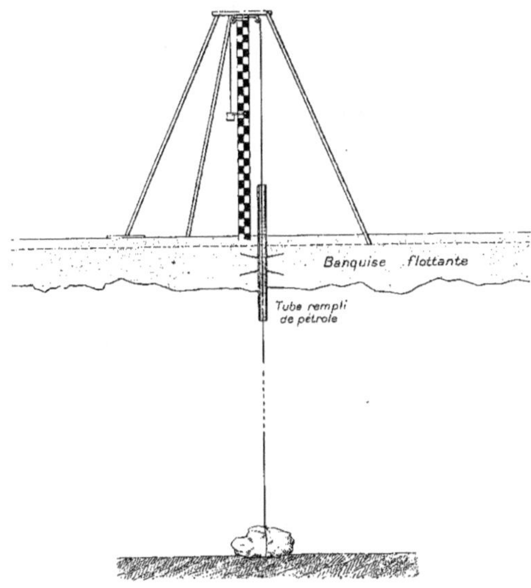

Fig. 7.

Échelles de marée.

Nous nous sommes servi d'échelles de marée du modèle ordinaire du Service hydrographique ; nous les avions fait confectionner et graduer à bord.

Elles fonctionnèrent normalement tant que la surface de la mer ne gela pas. Un barrage les protégeait du choc des glaçons en dérive.

A partir du jour où les mouvements de la glace les eurent successivement mises hors d'usage, nous avons installé sur la banquise même un nouveau dispositif d'échelle qui nous donna toute satisfaction.

Un grand trépied, reposant sur la banquise, supportait l'échelle, qui suivait ainsi les mouvements de la glace et, par suite, de la marée. Le long de l'échelle se déplaçait un curseur pesant suspendu à un fil qui, par un retour simple de poulies, descendait se fixer par son autre extrémité à un paquet de gueuses reposant sur le fond. De cette façon tout mouvement du niveau pouvait se mesurer par le déplacement du curseur le long de la graduation de l'échelle (fig. 7).

Pour empêcher que, sous l'action du gel, le fil ne fît corps avec la banquise, nous le faisions passer, pour traverser la glace, dans un tube de plus de 2 mètres de long rempli de pétrole.

Cette échelle fonctionna parfaitement, aussi longtemps que la banquise fut solide.

CHAPITRE II

OBSERVATION DES MARÉES. — INSTALLATION DES APPAREILS ET HISTORIQUE DE NOS OBSERVATIONS

Les observations de marées effectuées pendant les treize mois de séjour de l'Expédition française dans les régions antarctiques comprennent :

1° A la baie de l'Amirauté, dans l'île du Roi-George, de l'archipel des South Shetlands, par :

62° 06' de latitude sud,
60° 40' de longitude ouest,

2 journées d'observations continues, du 25 au 27 décembre 1909 ;

2° A Port-Foster, dans l'île Déception, de l'archipel des South Shetlands, par :

62° 58' de latitude sud,
62° 54' de longitude ouest,

2 journées d'observations continues, du 23 au 25 décembre 1908 (Pendulum Cove), et 16 journées d'observations continues, du 26 novembre au 15 décembre 1909 (anse des Baleiniers) ,

3° A Port-Lockroy, dans l'île Wiencke, par :

64° 50' de latitude sud,
63° 49' de longitude ouest,

3 journées d'observations continues, du 27 au 30 décembre 1908 ;

4° A Port-Circoncision, dans l'île Petermann (ou Lund), par :

65° 10' de latitude sud,
66° 34' de longitude ouest,

230 journées d'observations faites en trois séries continues : la première de 8 journées, du 4 au 11 janvier 1909 ; la deuxième de 190 journées, du 3 février au 12 août 1909 ; la troisième de 32 journées, du 20 octobre au 22 novembre 1909 ;

5° A l'île Jenny, dans la baie Marguerite, par :

67° 43′ de latitude sud,
70° 46′ de longitude ouest,

3 journées d'observations continues, du 27 au 30 janvier 1909.

Les ordonnées de marée mises en tableaux proviennent presque toutes des courbes du marégraphe plongeur Favé. Nous ne nous sommes servi de celles du marégraphe Richard que pour suppléer celui-là pendant les quelques jours où il ne put pas fonctionner.

Les lectures directes aux échelles de marée ont été faites d'heure en heure au début ; puis, quand il ne fut plus possible de continuer, nous nous contentâmes de les répéter plusieurs fois par jour pendant la plus grande partie du temps que fonctionnèrent les appareils.

Nous rendrons compte ici de la manière dont nous avons employé nos moyens d'observation et des incidents qui marquèrent la période de fonctionnement des appareils.

Première campagne d'été.

Le 23 décembre 1908, dès l'arrivée du « Pourquoi Pas ? » au mouillage de Pendulum Cove, petite anse occupant une partie de Port-Foster, à l'intérieur de l'île Déception, le marégraphe plongeur Favé fut immergé auprès du rivage, par environ 9 mètres d'un fond composé de cendres qui forment presque entièrement le sol de cette île volcanique. Il fonctionna sans incident jusqu'au moment de l'appareillage, où il fut relevé.

Le 27 décembre 1908, à Port-Lockroy, nous avons procédé à un étalonnage complet du marégraphe Favé dans de très bonnes conditions de mer et de lieu. L'appareil, suspendu à un fil d'acier soigneusement gradué, fut descendu, mètre par mètre, en le laissant trois minutes à la même profondeur. Quand l'appareil eut atteint 15 mètres, il fut remonté de la même façon, mètre par mètre. Le dépouillement du tracé nous a permis de construire définitivement une table d'étalonnage donnant la hauteur de l'eau en fonction des centièmes de tours de la vis micrométrique du microscope.

Pour obtenir ceux-ci le plus exactement possible, nous avons pris la moyenne des lectures trouvées pour la montée et pour la descente. Nous avons constaté ainsi que, pour toutes les profondeurs où fonctionne l'appareil, il existe un rapport presque exactement constant entre la hauteur de l'eau et le nombre de tours de la vis du micromètre. Un mètre d'eau est représenté par un écartement des courbes de 156 divisions du micromètre.

La température de l'eau de mer pendant cet étalonnage était de —0°,1.

L'appareil, descendu sur le fond, a fonctionné du 27 au 30 décembre avec le système pour profondeurs dépassant 15 mètres, en raison de l'incertitude où nous nous trouvions de la profondeur exacte à laquelle il rencontrerait le fond et de la crainte qu'elle ne dépassât 15 mètres. Il n'y en avait en réalité que 14.

Le 4 janvier 1909, à Port-Circoncision, le marégraphe Favé fut de nouveau immergé par 3 mètres d'eau environ. Une échelle verticale graduée de 2 centimètres en 2 centimètres fut installée auprès de lui, et des lectures y furent faites toutes les demi-heures. Un trait repère horizontal, soulignant les lettres *P-P*, fut gravé sur un rocher à paroi plane presque verticale situé à la base de la falaise de glace qui forme la rive nord-est de l'anse de Port-Circoncision (Voir le plan des installations). Ce trait repère correspondait à la cote $1^{m},72$ de l'échelle.

A cette époque, nous ne prévoyions pas que les circonstances nous obligeraient à revenir hiverner en cet endroit et, espérant seulement y rester une quinzaine de jours, nous comptions pouvoir tirer de nos observations les constantes harmoniques les plus importantes du lieu. Mais notre séjour, marqué de divers incidents, y ayant été écourté, nous sommes partis le 12 janvier, n'ayant pu ainsi relever que huit jours de marées. Au moyen des comparaisons avec le trait repère, ces observations ont été ramenées plus tard au zéro de l'échelle qui fonctionna pendant l'hivernage.

Pendant cette semaine, le « Pourquoi Pas ? » dut appareiller pour aller à la recherche de trois membres de la mission perdus en embarcation dans les glaces qui les bloquaient. Le marégraphe fut laissé au mouillage. Un violent échouage au retour retarda la rentrée du bateau, qui ne reprit son amarrage au port qu'après trois jours. Pendant ce temps, le marégraphe, seul et sans surveillance, avait parfaitement fonctionné.

Le même marégraphe enregistra, du 27 au 30 janvier 1909, les marées de l'île Jenny. Une échelle y fut installée près de la côte presque aussitôt l'arrivée, mais le lendemain, pendant un coup de vent, elle était emportée par la mer. Le marégraphe tenant peu de place entre les roches du fond qui le protégeaient n'eut aucun dommage, bien que des glaces se fussent échouées près de lui en arrivant à la côte où de petits icebergs venaient aussi se briser.

Période d'hivernage.

Aussitôt après le retour du « Pourquoi Pas ? » à Port-Circoncision et dès que la décision fut prise d'y passer le temps d'hivernage, nous commençâmes d'installer l'observatoire de marées.

Nous choisîmes pour emplacement du marégraphe le sommet d'une roche formant plate-forme, distante du bord d'environ 20 mètres et immergée de 3, s'appuyant sur le fond par une série de gradins étroits et placée au pied de la paroi plate des murailles du port, où le trait repère avait été gravé à notre premier passage en ce lieu.

Dès l'arrivée, le marégraphe Favé y fut installé et commença son enregistrement.

Le 5 février, une échelle verticale fut solidement établie à $1^{m},50$ du repère en distance horizontale. Son pied, lesté d'une gueuse, était appuyé dans l'angle des deux roches et tenu en place par un tas de grosses pierres. Quatre haubans la maintenaient verticale, deux étant fixés à des crampons plantés dans des interstices de la roche, les deux autres étant tendus par des gueuses prises sur le fond dans des fentes de rochers.

Autour de cette échelle, pour la protéger du choc des petites glaces en dérive, les grosses devant s'échouer avant de l'atteindre, nous établîmes un barrage formé de trois espars flottants que des amarres, mouillées sur gueuses et raidies, maintenaient écartés (fig. 8 et 9).

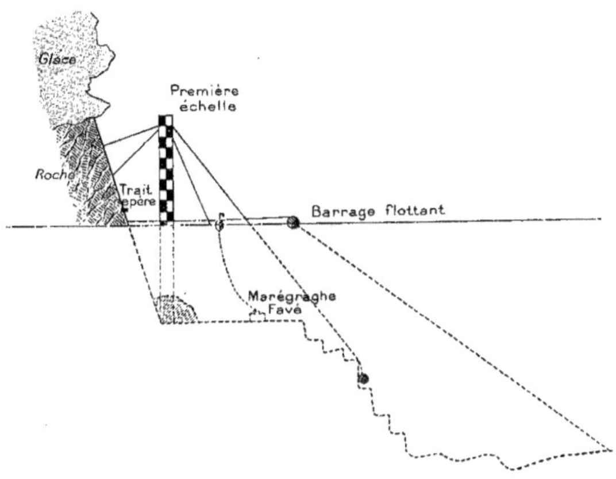

Fig. 8.

Aussitôt mise en place, cette échelle fut repérée par rapport au trait voisin gravé dans le roc. Son zéro était à $2^{m},20$ au-dessous du repère.

Le 8 février, nous installâmes le marégraphe Richard auprès de la cabane du sismographe (Voir le plan des installations), pensant pouvoir profiter de cette construction pour abriter l'enregistreur. Une fuite du sac en caoutchouc se manifesta dès le premier essai ; elle fut aussitôt réparée et l'appareil remis en fonction.

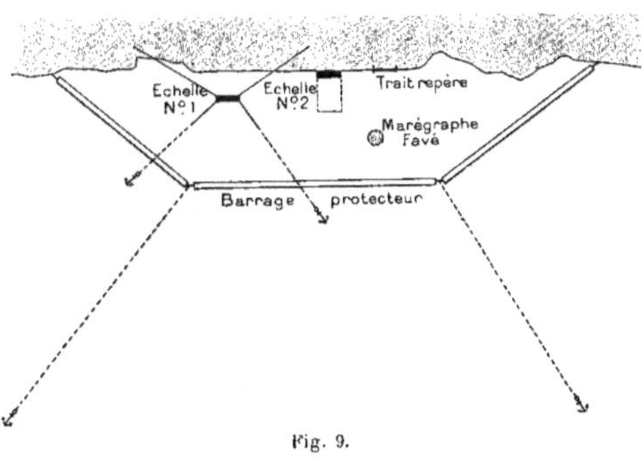

Fig. 9.

Le 21 février, il cessait de fonctionner par suite d'un arrêt du mouvement d'horlogerie causé probablement par la gelée des huiles. Nous le rapportâmes à bord, et le mouvement enregistreur fut placé cette fois dans l'abri de navigation. Le tube, ayant assez de mou pour que le crapaud reposât toujours sur le fond, descendait par tribord le long de la coque dans un tuyau solide destiné à le protéger des chocs. La profondeur à cet endroit était de 9 mètres. Une fuite lente se produisit encore que dénonça la chute progressive du niveau moyen quotidien des courbes enregistrées.

Le 23 février, une nouvelle échelle fut placée auprès de la première, à l'intérieur du barrage. Nous la fixâmes par des crampons contre la paroi du rocher. Sa position lui assurant moins de risques, elle était destinée à remplacer immédiatement la première en cas de déplacement de celle-ci.

Elle fut repérée d'abord par rapport au trait marqué, puis par rapport à la première échelle, pour que des lectures extrêmes faites simultanément sur les deux échelles permissent de calculer son inclinaison et la correction, en résultant, à faire.

Le trait repère correspondait à la division $2^m,07$ de cette deuxième échelle, et les lectures simultanées donnaient :

Échelle droite.........	1,61	Échelle inclinée........	1,40
— —	2,83	— —	2,78

A partir de cette époque, la glace commença de se former pendant la nuit à l'intérieur du barrage ; elle était cassée par nos soins tous les matins.

Le 7 mars, le tube du Richard se brisa au ras du crapaud, par l'effet d'une cause ignorée. L'appareil fut remonté et réparé. Pour combattre une fuite se produisant toujours au joint du haut du sac où le caoutchouc était détérioré, nous fîmes élargir ce joint, de telle sorte que le caoutchouc, serré en un point où il était en bon état, devînt étanche.

Le marégraphe fut remis en fonction le 30 mars. Nous avions remplacé le cylindre enregistreur grand modèle diurne par un cylindre petit modèle hebdomadaire pour augmenter l'échelle des ordonnées par rapport à celle des temps, ce qui convenait mieux à la faible amplitude des marées observées. Nous diminuions ainsi la précision de l'appareil ;

mais, comme nous n'employions les courbes qu'il fournissait que pour faciliter notre travail de dépouillement des disques du Favé et pour pouvoir nous rendre compte à chaque instant de l'état de la marée, la modification ne présentait pas d'inconvénient.

Nous obtenions ainsi les courbes ci-dessous, qui nous permettaient de mieux suivre le phénomène.

Dans sa nouvelle position, le crapaud, immergé à 3 mètres environ, reposait sur un rocher auprès du bord par bâbord.

A partir de ce moment, le marégraphe fonctionna parfaitement pendant

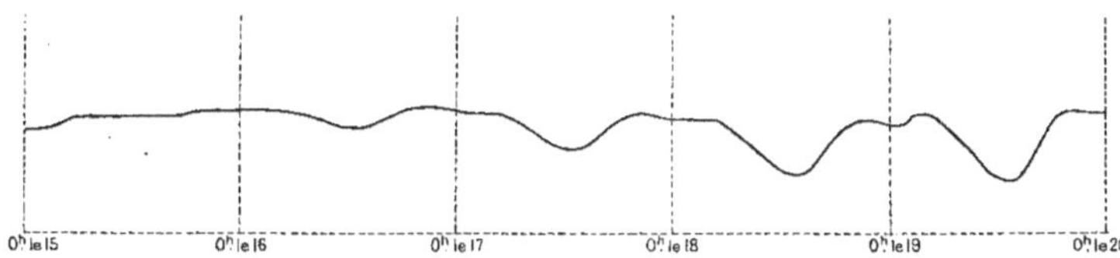

Fig. 10.

trois mois. La banquette de glace côtière finit par entourer le tube qui passait dans une fissure de rocher au niveau de l'eau. Il courut ainsi de moindres risques.

Le 14 avril, la banquise se forma. Ne pouvant encore la parcourir à pied, vu sa faible épaisseur, nous ne pûmes dégager l'échelle verticale qui, prise dans la glace, finit par faire corps avec elle, cassa ses haubans à la marée et ne donna plus d'indications ; elle fut rentrée le 18. A partir de ce moment, l'échelle inclinée assura les observations directes. Tous les matins nous entretenions un trou dans la glace à son pied, ainsi qu'à l'endroit voisin où le marégraphe Favé se trouvait mouillé.

Le 30 avril, à la suite de plusieurs jours de très mauvais temps, la banquise se fragmenta, rendant impossible l'accès de l'échelle. La neige qui couvrait celle-ci empêchait toute lecture à distance, si bien que nous fûmes privé de lectures directes pendant deux jours, jusqu'au 3 mai, où nous pûmes gratter la glace qui la recouvrait.

Le barrage, devenu inutile, fut démonté et remis à bord.

Pendant toute cette période écoulée depuis l'arrivée au port d'hivernage, le marégraphe Favé avait fonctionné sans incident. Tous les huit jours nous relevions l'appareil pour changer le disque et remonter le mouvement d'horlogerie. Bien que pour cette opération il fallût revenir à bord, elle ne nous prenait en moyenne qu'un quart d'heure, dont nous passions la plus grande partie à laisser l'appareil reprendre la température de l'eau avant de le fermer pour une nouvelle immersion.

Le 8 mai, une tempête extraordinairement violente ayant disloqué la banquise, qui s'en alla par plaques à la dérive, un morceau d'iceberg passant sur la roche du marégraphe entraîna celui-ci sur le fond. Grâce à la transparence de l'eau, nous le retrouvâmes facilement; il était culbuté à plusieurs mètres, ayant fait ancre jusqu'à ce que son orin, tendu par le glaçon, ait cassé. Le mécanisme d'enregistrement n'avait aucune avarie ; seule la boîte qui protège le mouvement d'horlogerie s'était légèrement séparée de la collerette qui la fixe au couvercle de l'appareil. Cette collerette était d'ailleurs d'échantillon trop faible et de plus mal soudée, sans quoi l'appareil eût été relevé intact malgré les chocs qu'il dut subir en étant ainsi traîné sur un fond de roches très accidenté. (Ce léger vice de construction est excusable de la part du constructeur à qui le marégraphe fut commandé au dernier moment et qui eut à peine deux mois pour le livrer.)

Remis immédiatement en état, le marégraphe fut de nouveau immergé.

Le 9 mai, par très mauvais temps, la banquise, morcelée et mise en mouvement par la houle, réussit à arracher l'échelle de marée sans qu'il fût possible de l'en empêcher. Nous fûmes ainsi privé d'échelle jusqu'au 24 mai et réduit à noter les heures de passage au trait de repère, ce qui était d'ailleurs suffisant, vu le parfait état de fonctionnement des marégraphes pendant cette période.

L'échelle de banquise dont nous avons donné la description au chapitre précédent fut mise en construction. Le 24 mai, la banquise reformée étant assez solide, nous l'avons installée et aussitôt repérée. Les lectures directes furent reprises normalement. Le repérage fut refait chaque jour pour prévoir le cas où l'échelle s'enfoncerait, ce qui ne se produisit pas.

Dans la nuit du 15 au 16 juin, la houle produite par une très violente tempête du nord-est ayant de nouveau brisé la glace, cette échelle est devenue inutilisable.

Pendant quelque temps nous avons alors fait les lectures directes par rapport au trait repère, en mesurant, à l'aide d'un mètre en bois, la distance du niveau de l'eau à ce trait; puis une graduation, qui nous servit d'échelle à partir de ce moment, fut peinte à même la roche, que nous entretenions dégagée de toute glace à cet endroit.

Dans la nuit du 14 au 15 juillet, le marégraphe Richard cessa de fonctionner, le tube ayant été écrasé. Avant qu'il eût pu être remis en fonction, un accident nous priva momentanément des services du marégraphe Favé.

Le 21 juillet, au cours d'un violent coup de vent, la houle ayant rompu la banquise autour du bord, il nous fallut remonter l'appareil pour le sauvegarder; pendant cette opération, le marégraphe fut, dans un coup de houle, coincé entre la coque du « Pourquoi Pas ? » et une glace. La maille de jonction des trois chaînes qui forment la patte d'oie de l'orin s'ouvrit, et l'appareil retomba sur des rochers par 9 mètres de fond.

Après quatre jours de recherches, nous pûmes le draguer et le relever. Nous pensions que, par la double cause de son écrasement entre la glace et le bateau et de sa chute, il aurait été gravement avarié, mais il n'en fut heureusement rien. L'appareil n'avait aucun dommage et, pendant ces quatre jours, l'enregistrement de la marée s'était parfaitement poursuivi sur le disque de verre, qui était intact.

Le 26 juillet, aucun des deux marégraphes ne fonctionnant, nous fûmes obligé, pour qu'il n'y ait pas de discontinuité dans nos observations, de faire nuit et jour des observations directes horaires. Mais ce régime ne dura que deux jours jusqu'au 28 juillet, où, après réparation, le Richard fut remis à l'eau.

Depuis ce moment jusqu'au 13 août, où il refusa complètement de fonctionner, nous fûmes obligé de le relever continuellement pour tenter de chasser l'humidité de l'air contenu dans l'appareil, humidité qui, en se condensant en givre, bouchait le tube et empêchait ainsi la transmission de la pression.

Ainsi, le 12 août, après avoir pu enregistrer au même point 190 journées d'observations, nous n'avions plus d'appareil à la mer. Nous ne voulions plus exposer à une perte possible le marégraphe Favé destiné à un meilleur usage et précieux pour la campagne d'été qui devait suivre cette période d'hivernage. En outre, à cette époque de plein hiver, où depuis plusieurs semaines nous étions malade et où de ce fait toutes les manipulations pénibles hors du bord ne nous étaient guère permises, nous fûmes obligé de nous reposer. De ce fait les observations furent interrompues jusqu'au mois d'octobre.

A la fin du mois de septembre, la glace s'étant cassée, nous pûmes relever le crapaud du marégraphe Richard et commencer à le réparer.

Le début d'octobre fut employé à mettre nos instruments en aussi bon état que possible. Le marégraphe Favé était prêt. Le marégraphe Richard fut vérifié, et nous travaillâmes à nettoyer l'intérieur des tubes des poussières et de l'humidité qu'ils contenaient. Nous y parvînmes en les remplissant à plusieurs reprises d'alcool envoyé sous pression à l'aide d'une petite pompe et en les portant ensuite sur le feu d'une lampe à souder pour bien les assécher.

Le 20 octobre, les marégraphes furent remis à l'eau. L'enregistreur du Richard fut installé dans notre chambre, le tube passant par le hublot et descendant à l'eau le long de la coque.

Jusqu'au jour du départ, tout fonctionna parfaitement.

Le 22 octobre, le repère de marée fut dégagé de la couche épaisse de glace qui le recouvrait et une échelle installée sur les rochers auprès du bord. Elle s'appuyait sur la banquette de glace et était solidement fixée par des arc-boutants et des haubans.

Le trait repère correspondait à la division $0^{m},75$ de l'échelle.

Le 22 novembre, veille du jour de l'appareillage, les appareils furent démontés, remis à bord, et nous cessâmes les observations.

Seconde campagne d'été.

Dès l'arrivée à Port-Foster, le 29 novembre, nous installâmes le marégraphe Favé auprès de la côte, au fond de l'anse des Baleiniers, où il se trouva mouillé par une dizaine de mètres d'un fond de cendres assez peu stable et très incliné.

Malgré divers essais, nous ne réussîmes pas à établir une échelle sur la plage. Le sol y était trop mouvant pour qu'elle eût une stabilité suffisante.

Les observations durèrent seize jours, pendant lesquels l'appareil fut changé quatre fois de fond.

Le marégraphe ayant fonctionné sans être comparé à une échelle, nous crûmes devoir procéder, pour plus de précision, à un nouvel étalonnage après l'avoir relevé. Aucune variation ne fut constatée.

A partir du 25 décembre, l'appareil, mouillé une dernière fois entre des roches à la côte est d'Admiralty Bay, fonctionna encore pendant le temps où nous séjournâmes en ce point.

Parmi ces différentes séries d'observations, deux seulement se prêtent complètement à l'analyse : celle de Port-Circoncision et celle de Port-Foster.

Les autres ont été observées pour l'étude du transport de l'onde marée. La connaissance des constantes harmoniques des îles Déception et Petermann nous permet en effet d'y calculer la marée les mêmes jours où elle était observée en d'autres lieux. Connaissant ainsi les marées simultanées en différents points, nous pourrons étudier la propagation de l'onde dans toute l'étendue de la région où des observations ont été faites.

CHAPITRE III

DÉPOUILLEMENT DU TRACÉ DES MARÉGRAPHES ORDONNÉES DE MARÉES

Marégraphe Favé.

Les tracés enregistrés sur les disques relevés chaque semaine étaient dépouillés aussitôt selon le mode opératoire suivant.

Le disque étant placé sur le cadran du micromètre et le microscope mis au point, on oriente les fils du réticule et la glissière de façon que le fil simple passe toujours par le centre du cadran, afin que toutes les lectures faites pour une même position du disque correspondent bien à une même heure.

Il faut d'abord s'assurer que le fil simple est bien placé dans la direction du mouvement de translation de la glissière. Pour cela, on amène un point quelconque du disque à l'extrémité gauche du champ sous le fil, puis on fait mouvoir la vis micrométrique de façon à le faire passer à droite dans le champ. Dans ce mouvement de déplacement relatif du point et du fil, celui-ci doit toujours recouvrir celui-là ; on parvient facilement à établir cette coïncidence en faisant tourner le tube du microscope autour de son axe jusqu'à ce qu'elle soit obtenue.

Il reste à orienter la glissière pour faire passer son axe par le centre du cadran portant le disque. Dans cette position, le fil double du microscope doit être tangent à une circonférence concentrique au cadran ; un point du disque amené sous le fil double ne doit donc pas s'en écarter sensiblement quand on fait tourner le disque, la courbure de l'arc décrit dans l'étendue du champ étant peu sensible. Il suffit donc, pour terminer le réglage, d'amener cette coïncidence entre un point quelconque du disque pendant qu'il tourne et le fil double, sur toute la longueur de celui-ci.

Le microscope étant ainsi disposé, il faut encore régler le cadran des heures. Un cran du tracé résultant d'une augmentation brusque de pression à une heure indiquée par la position de l'index du disque sur le cadran de l'enregistreur doit se trouver sous le fil simple du microscope lorsque l'index de ce même disque, placé sur le cadran du micromètre, y marque la même heure. Nous nous servions ordinairement du cran produit par la diminution subite de pression résultant de l'émersion de l'appareil faite à une heure bien déterminée. Ce cran étant amené sous le fil simple du micromètre, il suffisait alors de faire tourner le cadran des heures jusqu'à ce qu'il y ait coïncidence entre cette heure marquée sur le cadran et l'index du disque.

Tout ce réglage se fait avec rapidité, et l'on est ensuite prêt au dépouillement proprement dit.

Pour dépouiller le tracé, nous faisions successivement au micromètre les huit lectures correspondant, pour une même heure, aux intersections, avec le fil simple du microscope, des deux groupes de quatre courbes d'une semaine d'enregistrement. (Le disque du marégraphe fait un tour en quarante-huit heures.)

Nous inscrivions ces huit lectures, dans leur ordre, sur une même ligne horizontale d'un registre, et l'opération était répétée pour chaque intervalle de temps choisi jusqu'à ce que le disque ait fait un tour complet.

Sur un deuxième registre nous portions, en face de chaque heure, les différences des lectures correspondant, pour cette heure, à une même paire de courbes, en ayant soin de toujours retrancher de l'autre la lecture de la courbe la plus voisine du centre.

Pour être assuré d'opérer sur les deux courbes d'une même paire, il nous suffisait de grouper la première lecture et la huitième, la deuxième et la septième, la troisième et la sixième, la quatrième et la cinquième.

Les deux pointes traçantes ayant des déplacements en sens opposés et symétriques par rapport au zéro, il est évident qu'en opérant ainsi on groupe convenablement les lectures et que leur différence donne bien l'écartement des deux pointes de l'enregistreur.

Enfin ces nombres, transcrits sur le deuxième registre, étaient traduits en hauteur d'eau au moyen d'une table dressée d'après le résultat des étalonnages.

Les hauteurs d'eau obtenues servaient ensuite à tracer un graphique à grande échelle ayant les temps pour abscisses et ces hauteurs pour ordonnées. Nous avions ainsi la représentation graphique de la courbe enregistrée.

Le dépouillement des courbes de température s'effectue, comme celui des pressions, mais en tenant compte du décalage de vingt-quatre heures qu'il y a dans l'enregistrement, du fait que les pointes traçantes sont, pour les températures, diamétralement opposées à celles des pressions.

Pour passer de la courbe enregistrée à la courbe exacte de la marée, il suffisait de faire subir aux ordonnées deux corrections simples pour tenir compte, la première des variations de la pression barométrique qui, pendant la durée du fonctionnement, se combinent avec les variations du niveau pour agir à l'intérieur des tubes, la seconde des variations de la température de l'eau de mer qui causent des variations de la pression de l'air enfermé dans l'appareil.

Ces corrections se calculent très facilement. Au moment de son immersion, l'appareil contient un certain volume V_0 d'air à la pression atmosphérique B_0 et à la température de l'eau. Au moment où il reposera sur le fond, il indiquera bien la hauteur de l'eau, la pression dans la boite qui le contient faisant exactement équilibre à la pression atmosphérique. Cet état de choses subsisterait évidemment si la boite était en communication avec l'atmosphère; mais l'appareil, étant fermé, inscrit à un moment quelconque, où la pression atmosphérique est B et la température de l'eau de mer Θ et l'ordonnée de marée Y, une pression qui est égale à la différence existant entre la pression de l'eau augmentée de la pression atmosphérique, d'une part, et la pression à l'intérieur de la boîte, d'autre part. Celle-ci est devenue à ce moment, du fait de la variation de température de l'eau de mer :

$$B_0 [1 + a(\Theta - \Theta_0)],$$

a étant le coefficient de dilatation de l'air.

Si nous exprimons en hauteurs d'eau toutes les pressions, nous pourrons écrire que la hauteur enregistrée est égale à :

$$Y + B^{mm} \times 1{,}33 - B_0 \times [1 + 0{,}0037\,(\Theta - \Theta_0)].$$

1,33 représentant en centimètres de hauteur d'eau de mer l'équivalent de 1 millimètre de mercure.

Ayant H par le dépouillement, il suffit donc, pour avoir Y ordonnée de marée, de faire subir à H une correction :

$$c = 1{,}33\,(B_0 - B) + 1{,}33 \times 0{,}0037\, B_0\,(\theta - \theta_0),$$

ce qui revient à faire deux corrections : la première barométrique, la seconde de température. Dans la pratique, cette dernière est très faible et même le plus souvent nulle, la température de l'eau variant très peu.

Ces corrections étant faites sur le graphique, nous obtenions alors la courbe représentative de la marée, sur laquelle nous pouvions relever les ordonnées aux intervalles de temps choisis.

Comme vérification, les lectures directes à l'échelle de marée doivent fournir une courbe superposable à la courbe du marégraphe, toutes corrections faites à celle-ci. L'appareil se trouve ainsi étalonné chaque semaine par les lectures directes, qui permettent par suite de ramener toutes les observations au même zéro, d'une semaine à l'autre.

Le zéro arbitraire que nous avons choisi pour origine des ordonnées correspondait au pied de l'échelle de marée qui fut installée en premier lieu. Les lectures faites sur les autres échelles ont été ramenées à ce zéro en tenant compte de leurs décalages par rapport à la première, obtenus par les comparaisons au trait repère.

Ce travail de dépouillement, qui demande de l'habitude, nous fut rendu long et pénible au début, du fait de l'enchevêtrement des quatre courbes, enchevêtrement dû au régime particulier des marées observées.

Ces marées, à prépondérance diurne, sont de faible amplitude, et, quand il se trouve que l'époque où la lune passe à l'équateur coïncide avec le moment d'une quadrature, les ondes lunaire diurne principale et déclinationnelle diurne interférant, alors que l'onde semi-diurne est elle-même excessivement petite, la marée, privée de ses ondes principales, existe à peine. Dans ces occasions, les courbes enregistrées se confondaient sur une trop grande longueur pour que nous pussions nous rendre compte dans le micromètre de la position de leur point de tangence ou de croisement. Pour parer à cet inconvénient, nous opérions le dépouillement de la façon suivante :

Nous inscrivions les huit lectures du micromètre correspondant à une heure donnée, sans tenir aucun compte du croisement des courbes dans l'ordre de lecture ; nous en déduisions quatre ordonnées de marée se rapportant ainsi pour cette même heure donnée à quatre journées de la semaine. Ces quatre valeurs étaient alors transportées sur une même ordonnée d'un graphique à grande échelle dont les abscisses étaient les heures. En répétant cette opération pour chaque intervalle de temps choisi, nous obtenions un graphique qui traduisait les courbes du disque par une série de points dessinant ces courbes assez visiblement par eux-mêmes pour que l'on puisse presque toujours les réunir sans ambiguïté.

Les chances d'erreurs étaient ainsi diminuées et d'autant plus facilement au bout de quelques semaines qu'alors la connaissance acquise des marées permettait de mieux suivre le développement irrégulier des ondes diurnes et semi-diurnes et de leur résultante.

Pendant toute sa durée, le fonctionnement du marégraphe Richard nous facilita aussi ce travail de dépouillement, en nous donnant la forme des courbes que nous devions retrouver sur le disque.

Les lectures directes contribuaient aussi naturellement, pour une large part, à assurer ce travail. La nécessité d'opérer la séparation sur des courbes non corrigées du baromètre obligeait alors, et seulement pour cet emploi spécial, à transformer chacune de ces lectures directes par l'addition d'une correction inverse de celle calculée précédemment pour être appliquée à l'ordonnée de marégraphe correspondant à l'heure de cette lecture.

Pour avoir cependant encore plus de sécurité, nous prîmes l'habitude de changer le marégraphe de fond sans le relever, à chaque tour de disque, c'est-à-dire tous les deux jours, ce que nous permettait la forme en gradins du rocher de mouillage.

Nous obtenions ainsi des courbes nettement séparées, ce qui nous permettait de réduire très considérablement le temps nécessaire au dépouillement en faisant un nombre moins grand de pointés, et nous donnait en outre l'avantage de pouvoir vérifier par un cran, quatre fois par semaine, la régularité de fonctionnement du mouvement d'horlogerie.

Marégraphe Richard.

Dans les quelques occasions où le marégraphe Favé fut suppléé par le marégraphe Richard, le dépouillement des courbes de celui-ci s'est effectué avec la même facilité que pour les feuilles ordinaires des enregistreurs Richard.

Tableaux d'ordonnées.

Toutes les ordonnées de marée correspondant à chaque heure de temps moyen astronomique local ont été mises en tableaux, qui forment la seconde partie de ce travail.

Pour Port-Circoncision, les observations commencent à midi le 3 février et cessent le 7 août pour reprendre du 20 octobre au 22 novembre. Nous avons supprimé dans ce tableau la période du 7 au 12 août, où le marégraphe Richard, qui restait seul à l'eau, avait assez mal fonctionné pour que ses résultats ne nous parussent pas sûrs.

Viennent ensuite les ordonnées de marée relevées à Port-Foster, à Pendulum Cove, à l'île Jenny et à Admiralty Bay. Les heures sont toujours locales (Tmg.). Le disque Favé sur lequel était enregistrée la marée de Port-Lockroy ayant été brisé, on ne trouvera pas dans ces tableaux les observations de ce point.

Les planches II, III, IV, V et VI donnent la représentation graphique de toutes les marées observées. L'échelle des ordonnées a été choisie très grande par rapport à celle des temps pour mieux faire ressortir les mouvements du niveau.

Nous y avons marqué également les phases de la lune à leurs heures, et les moments des maxima, minima et valeurs nulles des déclinaisons lunaires.

La plus basse marée observée à Port-Circoncision s'est produite le 15 novembre ; le niveau y est descendu à la cote $0^{m},92$. La marée la plus haute a eu lieu le 15 mars par $3^{m},32$. La plus forte amplitude pour une même marée s'est enregistrée le 1er novembre, où il y a eu une marée de $1^{m},88$.

La connaissance de toutes ces ordonnées nous permet maintenant d'aborder l'analyse et la discussion des observations.

CHAPITRE IV

ANALYSE DES OBSERVATIONS

L'examen des courbes reproduites sur la planche I nous montre quel est le régime de la marée à Port-Circoncision. La prépondérance de la marée diurne, qui est environ une fois et demie plus forte que la marée semi-diurne, s'y manifeste visiblement aux époques où la déclinaison de la lune passe par un maximum. On constate également que le maximum de la résultante diurne semble se produire à peu près au même moment ; l'âge de la marée diurne doit être par suite très faible.

Quand la déclinaison de la lune est nulle ,la marée semi-diurne subsiste seule avec une amplitude variable suivant l'âge de la lune. Il se trouve ainsi qu'au moment des quadratures, si $D_☾ = 0$, il n'y a presque pas de marée ; c'est ce que l'on peut constater par exemple dans les journées des 14, 15 et 16 mai, où les mouvements irréguliers du niveau proviennent presque uniquement des ondes météorologiques.

Sur ces courbes, on remarque également que les maxima de la marée semi-diurne ont lieu plusieurs jours après les syzigies, ce qui indique pour l'âge de cette marée une valeur considérable.

En observant l'allure générale de la courbe représentative de la marée et en comparant au niveau moyen général les niveaux moyens quotidiens, on constate chez ceux-ci des variations assez régulières, qui sont une preuve de l'existence d'ondes à longue période très importantes, et des variations irrégulières dont il faut chercher la cause dans les influences météorologiques.

De telles marées ne peuvent être traitées que par la méthode de l'analyse harmonique imaginée par Lord Kelvin, qui fournit, pour nous, la solution du problème.

Dans l'emploi de cette méthode, nous avons adopté les notations suivantes, qui sont les plus usitées.

Chaque onde correspondant à un terme du potentiel d'un des astres perturbateurs est prise sous la forme :

$$H \cos (qt - k),$$

H et k étant les constantes harmoniques représentant : H, la demi-amplitude moyenne de l'onde, correspondant au coefficient astronomique moyen ; k, la constante angulaire représentant la phase ou différence de situation entre l'onde considérée et le terme correspondant du potentiel. Chaque onde fournie par l'analyse harmonique proprement dite, *pour la période d'observations soumise au calcul*, est donnée sous la forme :

$$R \cos (qt - \alpha),$$

où R représente la demi-amplitude pendant cette période et $\frac{\alpha}{q}$ la situation de l'onde pour son début.

Pour passer des valeurs de R et α aux valeurs de H et k, nous avons employé les procédés connus de calcul des facteurs f et des arguments initiaux $(V_0 + u)$, tels que :

$$R = fH,$$
$$k = \alpha + (V_0 + u).$$

Marées de Port-Circoncision.

La durée des observations à Port-Circoncision nous permet de calculer les ondes :

Mm, Mf, Msf, M_1, M_2, S_2, K_1, K_2, N, L, 2N, ν, λ, μ, O, P, Q, S.

Parmi ces ondes, nous n'avons retenu que celles pour lesquelles la demi-amplitude est supérieure à 1 centimètre, c'est-à-dire :

M_2, S_2, M_1, K_1, K_2, N, O, P. Q, Mf.

Pour faire ce choix, nous nous sommes basé sur le fait que les valeurs moyennes des coefficients astronomiques doivent être proportionnelles aux amplitudes des ondes auxquelles ils correspondent, à condition de calculer ces coefficients en tenant compte de la position en latitude du point d'observations. En effet, les coefficients astronomiques moyens donnés par le calcul dérivé des termes du potentiel ne tiennent pas compte ordinairement de la latitude du point d'observations, l'influence de celle-ci étant considérée comme rentrant dans le facteur géographique, qui est tel que l'amplitude moyenne d'une onde en un lieu est égale au produit de ce facteur par le coefficient astronomique moyen.

Pour comparer entre elles les ondes en un point qui n'est pas situé sur l'équateur, nous sommes obligé de considérer différemment ce coefficient. Dans tous les termes du potentiel d'un astre perturbateur rentre la colatitude Θ, constante du point considéré, et, dans le développement du potentiel en termes périodiques, des fonctions de cette constante se trouvent en facteur pour tous les termes de chaque espèce. Ce sont des fonctions sphériques des coordonnées du point, mais, comme elles ne dépendent en rien de la situation des astres et qu'elles doivent rentrer dans les constantes locales, on a pris l'habitude de ne pas les considérer dans le développement. Pour les rétablir normalement dans les valeurs moyennes données pour les cofficients astronomiques, il faut donc multiplier ceux-ci par ces facteurs de la colatitude qui sont :

$\sin^2 \theta$ pour les ondes semi-diurnes ;
$\sin^2 \Theta$ pour les ondes diurnes ;
$\frac{1}{2} - \frac{3}{2} \cos^2 \theta$ pour les ondes à longue période.

A Port-Circoncision, ou $L = 65°10'$, les coefficients représentant les ondes rangées par ordre de grandeur seront successivement, le coefficient de l'onde M^2 étant pris comme unité :

K_1	2,54074	Mf	0,35924	M_1	0,15797	y	0,04665	2N	0,02582
O	1,80634	Q	0,34975	J	0,14226	v	0,03751	μ	0,02408
M_2	1	N	0,19363	K_2	0,12662	Msf	0,03027	λ	0,00635
P	0,84062	Mm	0,18980	OO	0,07081	L	0,02767		
S_2	0,46531	Ssa	0,16724	x	0,06784	T	0,02736		

Ondes à courte période.

Le calcul pour chaque série a été conduit de la façon suivante : nous avons formé autant de tableaux qu'il y avait de séries à analyser, chaque tableau étant divisé en 24 colonnes numérotées de 0 à 23 et représentant les 24 heures spéciales pour chaque série. Le nombre de jours spéciaux à analyser, pour une série, afin d'éliminer l'influence des ondes importantes en dehors de celle que nous déterminions, étant calculé, les ordonnées horaires étaient inscrites dans ces tableaux, en marquant pour l'ordonnée correspondant à chaque heure spéciale celle qui correspondait à l'heure moyenne la plus voisine. Nous continuions ainsi, jusqu'à obtenir le nombre de jours spéciaux à analyser. Ce nombre étant atteint, les moyennes faites pour chaque colonne de toutes les ordonnées contenues dans ces colonnes nous ont fourni pour chaque série 24 ordonnées correspondant chacune à une heure spéciale valant un vingt-quatrième de la période.

Reportant ces ordonnées sur un graphique, nous obtenions une courbe représentant l'onde résultante de la série considérée ; la continuité de courbure vérifiait que ce procédé de moyennes avait bien éliminé les influences étrangères.

Pour tirer les valeurs de R et de α des 24 ordonnées ainsi obtenues, nous avons déduit pour chaque onde les valeurs de A et B telles que :

$$A \cos qt + B \sin qt = R \cos (qt - \alpha) \quad (1),$$

à l'aide des formules :

$$12\,A_1 = a' + (b' - m')\,0{,}966 + (c' - l')\,0{,}866 + (d' - k')\,0{,}707 + (e' - i')\,0{,}5 + (f' - h')\,0{,}259\,;$$
$$12\,B_1 = g' + (f' + h')\,0{,}966 + (e' + i')\,0{,}866 + (d' + k')\,0{,}707 + (c' + l')\,0{,}5 + (b' + m')\,0{,}259,$$

pour les ondes d'ordre 1 de la série considérée ;

$$12\,A_2 = \{(a - g) + [(b - h) - (f - m)]\,0{,}866 + [(c - i) - (e - l)]\,0{,}5\}\,;$$
$$12\,B_2 = (d - k) + [(b - h) + (f - m)]\,0{,}5 + [(c - i) + (e - l)]\,0{,}866,$$

pour les ondes d'ordre 2.

Dans ces formules :

$$\begin{array}{ll}
a = y_0 + y_{12} & a' = y_0 - y_{12} \\
b = y_1 + y_{13} & b' = y_1 - y_{13} \\
c = y_2 + y_{14} & c' = y_2 - y_{14} \\
d = y_3 + y_{15} & d' = y_3 - y_{15} \\
e = y_4 + y_{16} & e' = y_4 - y_{16} \\
f = y_5 + y_{17} & f' = y_5 - y_{17} \\
g = y_6 + y_{18} & g' = y_6 - y_{18} \\
h = y_7 + y_{19} & h' = y_7 - y_{19} \\
i = y_8 + y_{20} & i' = y_8 - y_{20} \\
k = y_9 + y_{21} & k' = y_9 - y_{21} \\
l = y_{10} + y_{22} & l' = y_{10} - y_{22} \\
m = y_{11} + y_{23} & m' = y_{11} - y_{23}
\end{array}$$

Dans aucune série nous n'avons trouvé d'onde du troisième ou du quatrième ordre.

La connaissance des valeurs de A et B nous a permis de trouver celles de R et α à l'aide des formules déduites de (1) :

$$R = \sqrt{A^2 + B^2}, \qquad \operatorname{tg} \alpha = \frac{B}{A}.$$

Tout ce calcul nous a conduit aux résultats suivants :

1° *Série* M.

Onde d'ordre 1 : M1. — Onde à éliminer : K1.

A1 = — 0,3926.
B1 = — 2,6745.

R = 2,71. — α = 261° 39'.

Onde d'ordre 2 : M2. — Onde à éliminer : S2.

A2 = — 9,9795.
B2 = + 17,3237.

R = 20,23. — α = 119° 57'.

2° *Série* S.

Onde d'ordre 2 : S2. — Onde à éliminer : M2.

A2 = — 1,036.
B2 = — 16,777.

R = 16,81. — α = 266° 28'.

3° *Série* O.

Onde d'ordre 1 : O1. — Onde à éliminer : K1.

A1 = — 29,3779.
B1 = — 3,2054.

R = 29,54. — α = 186° 15'.

4° *Série* K.

Onde d'ordre 1 : K1. — Onde à éliminer : O.

A1 = — 30,606.
B1 = + 7,437.

R = 31,59. — α = 166° 21'.

Onde d'ordre 2 : K2. — Onde à éliminer : M2.

A2 = + 4,757.
B2 = + 0,964.

R = 4,91. — α = 11° 27'.

5° *Série* P.

Onde d'ordre 1 : P1. — Onde à éliminer : K1.

A1 = — 4,34.
B1 = — 8,92.

R = 9,92. — α = 244° 03'.

6e *Série* Q.

Onde d'ordre 1 : Q1. Onde à éliminer : K1.

A1 = + 3,68.
B1 = 6,1 —.

R = 7,14. α = 301°.

7e *Série* N.

Onde d'ordre 2 : N2. Onde à éliminer : M2.

A2 = — 1,22.
B2 = + 3,19.

R = 3,45. α = 111°.

Comme vérification de nos calculs, nous avons reconstitué graphiquement la marée du 3 février 1909, jour du début de nos observations, en construisant sur une même feuille chacune des ondes principales de la marée, connaissant leur demi-amplitude R et leur situation α précisément à ce jour. La sommation, à chaque heure de cette journée, des différentes ordonnées de ces ondes nous a donné la marée totale.

Cette construction, représentée planche VII, se confond bien avec la courbe du marégraphe du même jour.

Ondes à longue période.

La durée des observations ne nous permet de calculer que les ondes lunaires. Parmi celles-ci, l'onde M*f* a seule plus de 1 centimètre d'amplitude. Pour la calculer, nous nous servirons des niveaux moyens quotidiens (tableau 2), en employant un procédé analogue à celui qui nous a permis de calculer les ondes à courte période. L'heure spéciale est voisine d'une demi-journée ; en considérant la série d'ondes dont la période est le double de celle de M*f* et en cherchant les jours moyens les plus voisins de chaque heure spéciale de cette série, par la méthode que nous avons employée pour les ondes à courte période, et en les traitant comme pour celles-ci, nous obtenons 24 ordonnées de cette série, qu'il suffit ensuite d'analyser pour trouver l'onde d'ordre 2.

Pour obtenir les valeurs des niveaux moyens quotidiens, la manière de faire la plus rationnelle consiste à opérer sur vingt-cinq ordonnées successives en prenant en compte les deux demi-ordonnées de 0 et de 24 heures. La moyenne calculée ainsi pour minuit juste sera :

$$\frac{1}{24}\left[\frac{y_0}{2}+y_1+\ldots\ldots\ldots+y_{22}+y_{23}+\frac{y_{24}}{2}\right].$$

Cette moyenne ne serait indépendante de l'effet des ondes à courte période que si les vitesses angulaires de toutes celles-ci étaient exactement 15° ou 30°. Il nous faut donc calculer une correction pour éliminer l'erreur introduite par les ondes importantes dont la vitesse angulaire est le plus différente de 15°.

Soit pour 0 heure du jour considéré :

$$\mathrm{R}\cos(qt-\alpha)=\mathrm{R}\cos\beta.$$

La moyenne journalière calculée comme ci-dessus nous donnera pour cette onde :

$$\frac{\mathrm{R}}{24}\left(\frac{\cos\beta}{2}+\cos(\beta+q)+\cos(\beta+2q)+\ldots\ldots\ldots+\frac{\cos(\beta+24q)}{2}\right)$$

qui est égale à

$$\frac{\mathrm{R}}{24}\times\frac{\sin 12q}{\operatorname{tg}\frac{q}{2}}\cos(\beta+12q).$$

Pour $q=15°$, cette valeur est nulle ; pour $q \neq 15°$, elle représente la correction à retrancher du niveau moyen précédemment calculé pour détruire l'erreur provenant de cette onde.

Parmi les ondes importantes pour lesquelles la vitesse angulaire diffère beaucoup de 15°, nous avons M2, O, Q, N.

Si nous appelons a le facteur constant :

$$\frac{\mathrm{R}}{24}\frac{\sin 12q}{\operatorname{tg}\frac{q}{2}},$$

Nous trouvons pour ces quatres ondes en centimètres :

M2 : $a=-0{,}075$;
O : $a=+2{,}175$;
Q : $a=+0{,}79$;
N : $a=0{,}3$.

Comme le terme variable en cosinus est toujours inférieur ou égal à l'unité, les valeurs de a représentent les maxima de ces corrections. Nous voyons donc que nous pouuons négliger l'erreur provenant des ondes M2, Q et N pour ne nous occuper que de celle qui est causée par O.

Nous avons effectué ces corrections quotidiennes et avons ainsi obtenu de nouvelles valeurs des niveaux moyens quotidiens. Ce sont ces valeurs qui ont servi au calcul des ordonnées de l'onde Mf, pour laquelle on trouve :

$$A = +4{,}865, \qquad B = +3{,}68,$$

d'où

$$R = 6{,}1, \qquad \alpha = 37^\circ,$$

Calcul du niveau moyen.

La moyenne de toutes les observations horaires nous donne la valeur du niveau moyen général de la période comprenant les observations.

Ce niveau correspond à la pression barométrique moyenne calculée entre les mêmes limites. Nous avons trouvé :

Hauteur du niveau moyen au-dessus du zéro des observations : 232,53.

Baromètre moyen de la période : 738,59.

Le trait repère se trouvait ainsi à $12^{cm},5$ au-dessous du niveau moyen.

Calcul des constantes harmoniques.

Des valeurs de R et de α trouvées pour chaque onde il nous faut déduire les constantes harmoniques H et k ; nous savons que, pour passer de celles-là à celles-ci, il suffit de calculer les facteurs f et les arguments initiaux $(V_0 + u)$ développés ci-dessous et de faire ensuite :

$$H = \frac{R}{f},$$
$$k = \alpha + (V_0 + u).$$

N désignant la longitude du nœud ascendant de l'orbite lunaire pour le début de la période, nous obtenons :

Ondes M2 et N...... $f = 1 - 0{,}037 \cos N = +0{,}996$;
Ondes O et Q........ $f = 1{,}0088 + 0{,}1886 \cos N - 0{,}0146 \cos 2N = +1{,}016$;
Onde K2............ $f = 1{,}024 + 0{,}285 \cos N + 0{,}008 \cos 2N = +1{,}064$;
Onde K1............ $f = 1{,}006 + 0{,}116 \cos N - 0{,}009 \cos 2N = +1{,}010$;
Ondes S2 et P....... $f = 1$

Pour le calcul des arguments initiaux, il nous faut calculer :

1° Pour le début de la période :

La longitude moyenne du soleil, h_0 ; la longitude moyenne de la lune, s_0, la longitude du périgée lunaire, p_0.

On trouve :

$$h_0 = 313°,2 ;$$
$$s_0 = 111°,6 ;$$
$$p_0 = 344°,3.$$

2° Pour le milieu de la période :

L'ascension droite de l'intersection de l'orbite lunaire et de l'équateur, v ; la longitude du périgée solaire, p, et les éléments v', v'', ξ, pour lesquels on trouve :

$$v = 12° ;$$
$$v' = 8°,8 \sin N - 0°,6 \sin 2N = 8°,4 ;$$
$$2v'' = 17°,8 \sin N - 0°,5 \sin 2N = 8°,6 ;$$
$$\xi = v - 1°,07 \sin N = 11°.$$

Avec ces résultats, le calcul des arguments initiaux nous donne :

Onde S............ $(V_0 + u)_S = 0$;

Onde M1.......... $(V_0 + u)_{M1} = Q + \xi - \left(s_0 + \frac{\pi}{2}\right) = 165°$ avec $\operatorname{tg} Q = \frac{1}{2} \operatorname{tg} (p - \xi)$;

Onde M2.......... $(V_0 + u)_{M2} = 2(h_0 - v) - 2(s_0 - \xi) = 401°$;

Onde O........... $(V_0 + u)_O = (h_0 - v) - 2(s° - \xi) + \frac{\pi}{2} = 190°$;

Onde K1.......... $(V_0 + u)_{K1} = h_0 - v' - \frac{\pi}{2} = 215°$;

Onde K2.......... $(V_0 + u)_{K2} = 2(h_0 - v'') = 544°$;

Onde P........... $(V_0 + u)_P = \frac{\pi}{2} - h_0 = 137°$;

Onde Q........... $(V_0 + u)_Q = \text{arg. O} - (s_0 - p_0) = 423°$;

Onde N........... $(V_0 + u)_N = \text{arg. M2} - (s_0 - p_0) = 274°$;

Onde M*f*......... $(V_0 + u)_{Mf} = 2(s_0 - \xi) = 201°$.

Ces valeurs nous permettent maintenant d'obtenir H et *k*, pour lesquelles on trouve :

	M2.	S2.	K2.	N2.	O1.	K1.	P1.	Q1.	M1.	M*f*.
H^{cm} =	20	17	5	2	29	32	10	7	3	5,5
K =	161°	266°	261°	25°	16°	21°	21°	4	67°	238°

Ces chiffres diffèrent peu de ceux qu'obtint M. le lieutenant de vaisseau Matha en 1904, par l'analyse de cinquante journées qui lui fournirent les constantes des six ondes principales à l'île Wandel, située à une dizaine de milles au nord de Port-Circoncision, dans l'archipel de l'Empereur-Guillaume.

CHAPITRE V

MARÉES DE PORT-FOSTER

La période d'observations n'ayant duré que dix-huit jours, nous ne pouvons déterminer à Port-Foster que les constantes des six ondes principales M2, S2, K1, K2, O, P.

Pour le calcul de ces constantes, nous avons suivi la méthode indiquée par M. l'ingénieur hydrographe en chef Rollet de l'Isle pour traiter une courte période d'observations. Elle nous a permis d'obtenir les valeurs suivantes des constantes harmoniques :

	M2.	S2.	K2.	K1.	O.	P.
H =	44	20	5	24	26	8
K =	173°	22°	222°	1°	6°	1°

Les périodes plus courtes d'observations relevées à l'île Jenny et à Admiralty Bay ne sont pas d'assez longue durée pour permettre l'analyse. Nous avons inscrit les observations en ces points dans les tableaux qui sont à la fin de ce fascicule. Ces observations nous ont permis de suivre les transformations de la marée dans sa propagation, en les comparant avec celles fournies simultanément dans tous les points où nous avons pu calculer les constantes harmoniques.

CHAPITRE VI

ÉTUDE DES RÉSULTATS DE PORT-CIRCONCISION ET DE PORT-FOSTER

Les points d'observations de Port-Circoncision et de Port-Foster se trouvant tous deux sur la côte d'îles situées en pleine mer et autour desquelles la profondeur de l'eau est considérable, il semble que la marée que l'on y étudie doive s'y enregistrer dans les meilleures conditions possibles et que les résultats obtenus représentent bien l'état du phénomène dans la région comprenant le point d'observation.

En examinant les résultats obtenus pour Port-Circoncision, on constate tout d'abord la prépondance prévue des ondes diurnes, dont la résultante vaut un peu plus d'une fois et demie la marée semi-diurne. Celle-ci est toujours inférieure à 1 mètre, c'est-à-dire assez faible, ce qui peut être considéré comme normal à cette latitude. La marée diurne est considérable ; elle peut dépasser $1^{m},50$, et nulle part ailleurs il n'en a encore été signalé d'aussi forte.

Si nous groupons ensemble les ondes lunaires, nous constatons que leurs amplitudes sont bien sensiblement dans le rapport des coefficients astronomiques calculés comme nous l'avons fait à la page 37, en tenant compte de la latitude. Il en serait de même des ondes solaires, si, parmi celles-ci, l'onde S2 ne présentait une anomalie considérable ; elle atteint 17 centimètres de semi-amplitude, alors que l'onde M2 n'en a que 20. S2 se trouve ainsi être trois fois et demie plus importante que le rapport des actions moyennes adopté par Laplace ne voudrait qu'elle fût. Cette amplification, qui la rend presque équivalente en importance à l'onde M2, a pour effet de supprimer à peu près complètement la marée semi-diurne au moment des quadratures. A ces époques, les deux ondes interfèrent, faisant disparaître ainsi cette marée tous les quinze jours.

La différence des phases,

$$k.\,M2 - k.\,S2,$$

qui est de 105°, est plus considérable que partout ailleurs et l'âge de la marée qui en résulte, égal à

$$\frac{105^\circ}{1{,}016} = 4 \text{ jours et 8 heures,}$$

manifeste un retard extraordinaire de la marée luni-solaire à s'établir sous l'influence de la position relative des deux astres.

Si nous étudions maintenant les résultats de Port-Foster, qui n'est distant en latitude de Port-Circoncision que de 2°, nous constatons de moins grandes anomalies, bien que le phénomène ne s'y présente pas encore comme le voudrait la théorie. L'onde M2 y est plus de deux fois plus forte qu'à Port-Circoncision, et le rapport $\frac{S2}{M2}$ rentre dans des limites plus normales. La différence des phases de S2 et de M2 :

$$k.\,S2 - k.\,M2 = 49^\circ,$$

est environ la même qu'au cap Horn, et l'âge de la marée semi-diurne n'est plus que de quarante-huit heures au lieu de cent quatre à Port-Circoncision.

Il est extraordinaire que deux points aussi rapprochés, situés tous deux en pleine mer, présentent des différences de marées aussi considérables. Il semble ainsi qu'entre le 63e et le 65e degrés de latitude sud le régime des marées change considérablement, du moins en ce qui concerne la marée semi-diurne.

Recherche d'une perturbation à longue période à Port-Circoncision.

Si nous calculons le niveau moyen de chaque mois, nous constatons des différences très importantes entre ces niveaux moyens. Comme il se trouve que, pour la durée des mêmes périodes, les moyennes barométriques ont sensiblement des valeurs égales, ainsi que les résultantes des vents, les seules causes capables de produire ces différences ne peuvent plus être que des ondes extra-météorologiques à longue période, que nous pouvons essayer d'obtenir ensemble.

Parmi les ondes astronomiques à longue période, nous avons déjà calculé l'onde M*f* et constaté que les autres ondes lunaires étaient sans importance. Considérons, pour un jour quelconque n, le niveau moyen correspondant a_n ; nous aurons algébriquement :

$$a_n = A + h_n + y_n + Y_n,$$

A représentant la cote du niveau moyen général, h_n l'ordonnée moyenne de l'onde météorologique causée par les variations de la pression barométrique moyenne quotidienne, y_n l'ordonnée de M*f*, et enfin Y_n l'ordonnée résultante des ondes à longue période autres que les ondes lunaires. C'est cette valeur de Y_n que nous cherchons.

La connaissance des constantes de l'onde M*f* nous permet de calculer pour chaque jour la valeur de y et par suite d'éliminer l'influence de cette onde sur les niveaux moyens quotidiens. Nous obtenons ainsi une nouvelle valeur de chacun de ces niveaux telle que

$$b_n = A + h_n + Y_n,$$

qui ne contient plus que les ondes météorologiques et les ondes à longue période autres que les ondes lunaires.

Classons ces valeurs b en groupes de trente jours allant du premier au trente et unième, du onzième au quarante et unième, etc., par exemple, et faisons dans chaque groupe la moyenne des nombres qui le composent:

$$\frac{1}{30}\sum_n^{n+30} b = A + \frac{1}{30}\sum_n^{n+30} h + \frac{1}{30}\sum_n^{n+30} Y.$$

Or il se trouve que, pour ces périodes de trente jours, les moyennes barométriques reprennent sensiblement la même valeur, différant très peu de celle qui correspond au niveau moyen général. En faisant, au besoin, une très faible correction à A, nous pouvons donc considérer que

$$\frac{1}{30}\sum_n^{n+30} h = 0.$$

Il reste donc :

$$\frac{1}{30}\sum_{n}^{n+30} b = \text{A} + \frac{1}{30}\sum_{n}^{n+30} \text{Y}.$$

Mais l'onde étant de période très longue, la moyenne des ordonnées Y de n à $n+30$ peut être considérée, entre un maximum et un minimum consécutifs, comme représentant l'ordonnée du jour milieu $n+15$.

En calculant successivement, pour les différentes valeurs de n allant de 10 en 10 par exemple, l'expression

$$\text{Y}_{n+15} = \frac{1}{30}\sum_{n}^{n+30} b - \text{A},$$

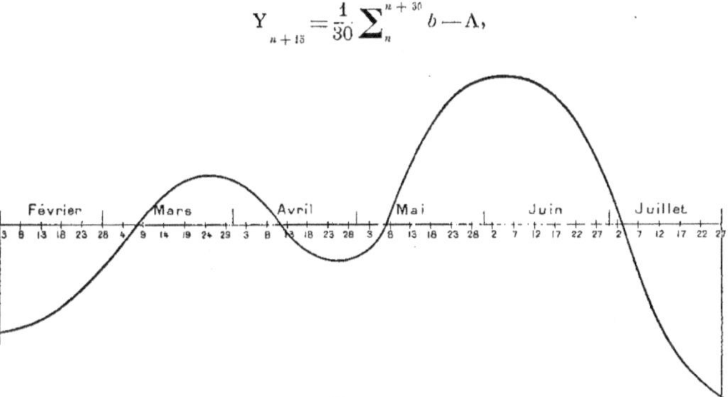

Fig. 11.

nous aurons ainsi une série de valeurs de Y qui nous permettent de tracer graphiquement la plus grande partie de la courbe représentant la perturbation cherchée.

Nous avons obtenu par ce moyen la courbe très régulière dessinée ci-dessus (fig. 11).

Cette courbe est visiblement la résultante de deux ondes composantes qui auraient sensiblement la même amplitude de 30 centimètres, dont l'une aurait six mois et l'autre environ trois mois de période.

Ces deux ondes sont donc considérables, puisque, par ordre d'importance, elles viennent immédiatement avant M2.

L'onde semestrielle peut être l'onde S*sa* devenue très forte ; l'onde trimestrielle est tout à fait nouvelle. Elle n'est évidemment pas une onde astronomique ; peut-elle être une onde météorologique ? Les moyennes barométriques faites par semaine, par mois et par trimestre, ne manifestent aucun mouvement barométrique à longue période au lieu de nos observations; il faudrait du reste qu'un tel mouvement fût considérable pour produire une onde aussi forte. D'autre part, dans cette région, les vents, très violents, ne soufflent guère que d'une seule direction ; il n'y a comme différence entre les saisons qu'une proportion un peu plus grande de calme en été. Il semble donc assez difficile de trouver une cause pouvant introduire cette onde nouvelle.

Ondes météorologiques.

Si nous relevons sur la courbe obtenue ci-dessus l'ordonnée pour chaque jour pendant la période des observations et que nous retranchions algébriquement cette ordonnée de la valeur correspondante de b, nous obtiendrons de nouvelles valeurs des niveaux indépendantes, cette fois, des ondes à longue période. Cette nouvelle valeur du niveau moyen obtenue ainsi pour chaque jour ne doit plus différer de celle du niveau moyen général que du fait de la variation continue du niveau sous l'influence des variations de la pression atmosphérique.

Les tracés de la planche VIII représentent ces variations quotidiennes du niveau moyen d'une part et les variations des moyennes barométriques d'autre part, à chaque jour correspondant. Ils montrent avec évidence que, dans la région où nous opérions, l'influence des variations de la pression atmosphérique se fait sentir immédiatement sur le niveau de la mer.

Une pareille constatation n'avait pas encore été faite, et il nous semble d'autant plus intéressant de la signaler que la commission chargée, en 1896, par l'Association britannique pour l'avancement des sciences, d'étudier l'effet de la pression barométrique sur les marées, conclut au contraire en disant qu'en ce qui concerne la pression barométrique son influence affecte les marées dans un rayon si étendu que les indications locales du baromètre ne sauraient y être un indice de l'effet produit sur les marées en ce point.

Nous servant des 225 journées d'observations, il est facile de calculer exactement cette influence. Il nous suffit de faire la moyenne de tous les écarts par rapport au niveau moyen, comptés tous positivement, et de la faire correspondre à la moyenne des écarts barométriques comptés de la même manière par rapport à la pression barométrique moyenne de la durée des observations.

Nous trouvons ainsi qu'à un mouvement de 1 millimètre de la colonne de mercure correspond immédiatement un mouvement en sens inverse du niveau de la mer de $1^{cm},45$, ce qui représente à peu près exactement le rapport des densités.

CHAPITRE VII

TRANSPORT DE LA MARÉE. — HEURES COTIDALES

Le tableau ci-dessous réunit les constantes harmoniques de tous les points de la région antarctique sud-américaine où des observations suf-

		B. Orange. (Cap Horn.) 55° 31′ S 4h 41m 45s W	*B. Scotia.* (I. Orcades.) 60° 44′ S. 2h 59m W.	*P.-Foster.* (I. Déception.) 62° 58′ S. 4h 12m W.	*P.-Charcot.* (I. Wandel.) 65° S. 4h 25m W.	*P.-Circoncision.* (I. Petermann.) 65° 10′ S. 4h 26m W.
M2	H =	58,9	46,5	43,9	22,5	20,3
	k =	104°	172°	173°	164°	161°
S2	H =	9,2	27,8	19,9	18,7	16,8
	k =	134°	198°	222°	257°	266°
K2	H =	2	7,6	4,8	5,1	4,6
	k =	128°	198°	222°	257°	261°
N	H =	15	9,1		1	3,5
	k =	66°	154°		61°	25°
K1	H =	21,5	14,7	24,3	31,2	31,3
	k =	36°	15°	1°	16°	21°
O	H =	17,9	17	26,1	30,7	29,1
	k =	347°	359°	6°	6°	16°
P	H =	5,3	4,9	8,1	10,3	9,9
	k =	30°	15°	1°	16°	21°
Q	H =	3,5			6,1	7
	k =	323°			349°	4°
M1	H =	1				2,5
	k =	350°				67°
Mf	H =					5,6
	k =					238°

fisantes ont été faites. Ces points sont désignés sur la carte ci-jointe (Pl IX); les positions de l'île Jenny et d'Admiralty Bay y figurent également, mais le peu de durée des observations qui y furent faites ne nous permet que de les comparer à celles du point le plus proche.

En utilisant ces constantes, à l'aide de la machine à prédire les marées

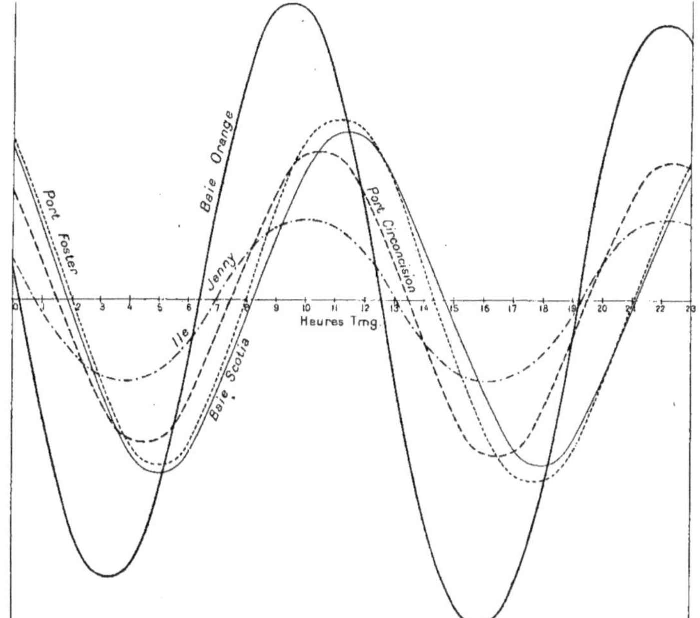

Fig. 12.

du Service hydrographique de la Marine, nous avons reconstitué la marée à la baie Orange, à la baie Scotia, à Port-Foster et à Port-Circoncision, pour une même période simultanée de plusieurs jours. Nous avons choisi l'époque où nos observations de l'île Jenny ont été faites pour avoir ainsi un cinquième point de comparaison. Ces marées simultanées sont représentées planche X.

Le seul examen de ces courbes montre la prépondérance rapide prise par l'onde diurne à mesure qu'on s'élève en latitude, et le changement net de régime entre Port-Foster et Port-Circoncision.

Résultat des observations concernant l'onde M2.

L'amplitude de l'onde M2 va en décroissant normalement du cap Horn à Port-Foster. L'amplitude d'une même onde semi-diurne en différents points doit en effet être théoriquement proportionnelle au carré du sinus de la colatitude de ces points. C'est bien ce que nous constatons pour la baie Orange, Scotia Bay et Port-Foster, mais nous trouvons pour Port-Circoncision une anomalie considérable, l'onde M2 y étant près de deux fois trop faible.

Les heures cotidales sont respectivement pour cette onde : 8, 9, 10, 10, à la baie Orange, Scotia Bay, Port-Foster et Port-Circoncision, ce qui, étant donnée la situation relative de ces différents points, est anormal. Le transport de l'onde M2 semble ainsi se faire du nord au sud.

Onde S2.

L'amplitude de S2, anormalement faible au cap Horn, devient rapidement considérable aux latitudes plus élevées. Cette onde se comporte très irrégulièrement ; la valeur du rapport des actions moyennes $\frac{S2}{M2}$ varie de 0,15 au cap Horn à 0,60 à Scotia Bay, 0,45 à Port-Foster, 0,85 à Port-Circoncision.

Les heures cotidales de cette onde sont respectivement aux mêmes endroits : 9, 9,5, 11,5, 13.

Si nous rapprochons ces valeurs de celles des amplitudes correspondantes, nous devons, pour les expliquer, admettre pour l'onde S2 l'hypothèse de la présence d'un point amphidromique, situé dans les environs et à l'ouest du cap Horn ; de ce point rayonneraient les lignes cotidales tournant dans le sens des aiguilles d'une montre, ce qui doit bien se produire dans l'hémisphère sud, d'après la théorie de M. Rollin A. Harris. La situation de la baie Orange près de ce point expliquerait la très faible amplitude de S2 en ce lieu.

Marée diurne.

Dans le groupe diurne, les ondes les plus importantes sont O et K_1. Comme ces deux ondes ont, à très peu près, le même cofficient et que leurs vitesses angulaires sont $(w-2n)$ et w, nous pourrons les représenter ensemble par l'expression :

$$\cos(w-2n)t+\cos wt=2\cos(w-n)t, \cos nt,$$

et vérifier que tout se passe comme s'il y avait une composante unique. L'heure cotidale de la marée diurne donnée par

$$\frac{1}{15}\,\frac{K_O+K_{K1}}{2}+\text{longitude}$$

sera alors 5h. 5 à la baie Orange, 3h.30 à Scotia Bay, 4h. 5 à Port-Foster et 5 h. 30 à Port-Circoncision.

Ces chiffres montrent que la marée diurne se propage de l'est à l'ouest dans le détroit de Drake (Pl. XI). Il faut donc qu'il se trouve, soit dans la mer de Weddell, soit dans la région voisine de l'océan Glacial Antarctique, un centre d'émanation d'où l'onde se propagerait vers le Pacifique à travers le détroit de Drake. Il faudrait aussi admettre qu'il existe autour de ce centre un bassin marin en résonance avec la marée diurne.

L'âge de la marée diurne est de 44 heures à la baie Orange, de 14 h. 5 à Scotia Bay, de 5 heures à Port-Foster et Port-Circoncision. Il est donc très irrégulier.

Marée semi-diurne.

Pour étudier la propagation de l'ensemble des ondes semi-diurnes, nous avons reconstitué la marée semi-diurne du 28 janvier 1909 aux mêmes quatre lieux (Voir fig. 12). On constate que le maximum de la marée, ce jour-là, a lieu sensiblement à la même heure sur toute la côte antarctique et une heure environ auparavant aux Orcades et au cap Horn.

L'âge de la marée semi-diurne varie dans des limites considérables pour cette région ; il vaut 29 heures à la baie Orange, 25 à Scotia Bay, 48 à Port-Foster et 104 à Port-Circoncision.

En résumé, l'étude des marées de cette région nous amène à des constatations de leur irrégularité qui ne satisfont ni la conception ancienne de Whewell, ni même celle plus récente de Rollin A. Harris, et nous prouvent que cette région intéressante subit un régime de marée très complexe et très troublé, bien que sa situation semble devoir la rapprocher au maximum des conditions de la théorie.

TABLEAUX

D'ORDONNÉES HORAIRES DE MARÉES

Heures Tmg.

Observations enregistrées à Port-Circoncision (Ile Petermann)

Latitude : 65° 10′ Sud.
Longitude : 67° 34′ Ouest.

1° Du 4 au 12 janvier 1909 ;
2° Du 3 février au 7 août 1909 ;
3° Du 20 octobre au 22 novembre 1909.

Janvier 1909.

Jours......	1	2	3	4	5	6	7	8	9	10	11	12	13	14	15
Heures Tmg.															
0	...	...	...	...	151	142	158	178	192	208	216	...	...	...	...
1	...	...	...	...	151	135	146	159	167	184	194	...	...	...	...
2	...	...	...	...	160	138	144	148	153	163	171	...	...	...	...
3	...	...	...	...	174	150	152	148	151	149	159	...	...	...	...
4	...	...	...	...	192	169	170	166	160	154	159	...	...	...	...
5	...	...	...	218	213	191	196	189	184	171	...	...	...	...	...
6	...	...	...	233	233	215	222	215	208	193	...	...	...	...	...
7	...	...	...	248	250	237	247	242	232	219	...	...	...	...	...
8	...	...	...	262	263	252	267	265	258	244	...	...	...	...	...
9	...	...	...	272	269	259	274	277	273	264	...	...	...	...	...
10	...	...	...	278	271	262	276	280	276	269	...	...	...	...	...
11	...	...	...	282	273	262	274	277	271	268	...	...	...	...	...
12	...	...	...	286	275	260	272	270	262	261	...	...	...	...	...
13	...	...	...	292	276	258	269	264	253	248	...	...	...	...	...
14	...	...	...	295	279	264	269	259	246	236	...	...	...	...	...
15	...	...	...	293	284	273	273	263	246	231	...	...	...	...	...
16	...	...	...	289	287	279	282	272	253	230	...	...	...	...	...
17	...	...	...	279	283	284	290	283	264	240	...	...	...	...	...
18	...	...	...	264	273	285	295	297	276	256	...	...	...	...	...
19	...	...	...	241	256	279	293	302	282	271	...	...	...	...	...
20	...	...	...	216	230	260	279	297	282	275	...	...	...	...	...
21	...	...	...	194	205	235	254	276	276	273	...	...	...	...	...
22	...	...	...	174	181	210	230	249	257	261	...	...	...	...	...
23	...	...	...	158	159	184	204	220	232	240	...	...	...	...	...

Février 1909. Première quinz[aine]

	1	2	3	4	5	6	7	8	9	10	11	12	13	14	15
0	...	...	130	135	159	185	193	201	207	223	245	245	238	223	220
1	...	...	136	132	150	168	168	178	185	204	231	234	235	224	222
2	...	...	151	138	153	162	158	162	166	185	217	221	230	225	225
3	...	...	169	154	166	170	160	155	157	174	203	211	224	227	231
4	...	...	185	173	183	187	174	163	161	175	199	210	219	230	239
5	...	...	202	194	205	209	195	182	178	186	210	213	221	241	249
6	...	...	218	215	226	233	220	208	200	205	229	226	233	255	263
7	...	...	234	234	248	255	244	232	228	226	249	247	250	269	277
8	...	...	246	249	261	273	262	252	248	250	265	265	270	285	290
9	...	...	251	258	265	279	267	260	258	265	276	274	280	297	302
10	...	...	254	262	262	278	265	260	259	267	277	277	282	300	309
11	...	...	255	259	259	267	255	251	249	257	267	275	272	296	305
12	...	...	257	255	255	256	240	234	231	240	245	263	253	283	292
13	...	...	258	257	250	250	230	218	213	215	226	245	233	267	274
14	...	...	259	260	251	246	222	206	197	193	208	226	214	251	255
15	...	...	258	265	258	247	221	201	187	181	193	206	195	234	236
16	...	...	255	269	268	256	230	205	188	178	186	190	180	217	219
17	...	...	249	271	276	271	246	220	202	185	190	181	174	204	224
18	...	...	238	268	281	281	261	237	218	202	201	178	175	195	193
19	...	...	220	257	278	282	271	252	235	225	216	183	181	193	187
20	...	...	202	239	267	278	271	262	250	247	230	196	191	197	182
21	...	...	181	218	248	263	262	261	255	258	245	212	200	205	180
22	...	...	160	196	224	241	245	251	252	261	254	228	210	212	180
23	...	...	145	175	204	216	223	229	240	256	252	236	217	216	183

Mars 1909. Première quinz[aine]

	1	2	3	4	5	6	7	8	9	10	11	12	13	14	15
0	238	220	195	194	178	180	181	190	215	231	236	254	259	258	262
1	240	222	200	195	176	170	165	172	198	210	222	238	250	253	260
2	240	224	209	201	178	171	162	164	185	194	212	224	241	249	257
3	241	228	220	211	189	177	167	169	184	187	206	216	234	247	258
4	245	232	232	223	205	189	184	182	195	192	209	218	235	249	264
5	256	242	244	236	223	209	206	202	217	210	230	231	240	254	273
6	268	255	255	248	239	234	228	224	240	233	250	246	254	267	285
7	281	269	268	258	250	253	248	242	260	256	268	264	270	281	299
8	293	280	278	264	256	262	260	250	270	273	282	280	285	297	314
9	306	290	286	267	258	263	261	249	269	276	287	290	294	308	327
10	316	298	290	269	255	255	254	239	259	262	276	288	294	310	332
11	319	302	290	267	250	238	237	224	242	241	254	268	287	305	325
12	314	302	291	265	243	227	219	210	224	220	233	243	262	285	303
13	301	295	288	265	239	224	206	196	207	199	212	218	236	259	279
14	286	282	282	265	240	225	203	185	193	181	191	195	210	236	253
15	266	268	275	262	244	230	208	186	189	170	174	174	190	216	230
16	245	253	267	258	249	239	221	202	198	174	172	164	177	200	210
17	225	237	258	257	254	252	239	222	216	190	188	168	177	193	194
18	210	221	246	251	256	262	252	245	237	210	208	287	186	193	189
19	200	210	236	241	253	264	261	261	259	235	228	209	205	202	190
20	197	201	224	228	242	260	260	271	275	254	248	232	227	215	197
21	198	196	213	213	226	246	248	269	278	262	263	253	244	228	207
22	204	194	202	199	209	225	232	352	169	264	268	262	257	242	218
23	215	193	196	188	193	203	212	232	252	252	266	264	261	256	230

quinzaine. Février 1909.

17	18	19	20	21	22	23	24	25	26	27	28	
160	155	147	161	195	208	224	224	233	235	225	223	0
168	157	141	148	181	192	207	208	218	225	216	222	1
179	163	142	144	169	181	194	197	206	212	210	219	2
193	177	154	148	169	178	190	196	202	209	209	217	3
211	199	172	170	180	184	200	200	205	212	211	223	4
227	219	195	188	199	199	216	216	217	221	220	230	5
247	240	218	209	219	218	232	234	242	241	236	243	6
263	262	241	231	233	236	247	253	267	261	256	261	7
276	277	261	249	242	245	256	265	282	284	279	280	8
288	287	273	259	248	248	257	268	285	293	296	300	9
292	293	276	263	250	243	249	261	280	292	301	312	10
290	292	271	260	247	233	231	239	258	280	299	315	11
285	288	268	255	239	221	209	214	230	255	280	305	12
277	283	265	254	232	212	193	189	208	225	253	285	13
266	277	263	256	228	203	180	170	179	195	220	263	14
255	270	261	260	231	201	170	157	156	170	192	238	15
243	263	260	266	239	211	176	153	145	151	173	215	16
231	255	260	274	249	228	194	164	146	145	161	198	17
219	244	258	281	262	246	213	185	162	148	156	191	18
205	230	249	280	271	262	232	207	183	164	158	191	19
192	213	235	271	271	271	251	230	206	186	175	197	20
180	196	218	254	263	271	258	248	228	209	194	212	21
169	178	199	233	247	258	255	252	240	223	210	224	22
160	161	179	214	227	241	241	247	243	227	220	232	23

quinzaine. Mars 1909.

17	18	19	20	21	22	23	24	25	26	27	28	29	30	31	
197	181	165	175	193	210	226	256	242	241	240	230	220	233	231	0
202	184	167	167	186	201	213	244	228	225	225	221	215	235	232	1
210	190	173	163	185	194	207	236	220	213	217	212	208	236	232	2
220	200	182	170	189	193	214	243	220	210	216	208	207	238	233	3
231	213	198	182	198	205	230	260	234	219	222	205	215	243	237	4
244	229	215	198	215	225	247	277	253	241	237	228	225	253	246	5
259	246	232	214	222	237	259	293	273	264	256	245	238	257	257	6
274	260	252	229	232	243	266	302	290	286	279	265	258	282	264	7
287	275	270	241	236	242	262	300	293	297	301	286	279	296	273	8
295	285	281	245	236	235	247	280	286	297	308	295	294	310	280	9
297	286	283	244	231	224	228	252	265	282	301	294	300	315	287	10
290	282	278	240	222	211	208	223	238	250	275	279	296	314	288	11
277	273	272	235	213	200	187	196	208	219	246	254	275	305	285	12
263	263	267	233	207	189	175	170	177	187	227	225	249	289	277	13
249	253	262	234	208	187	167	150	149	158	183	193	224	271	263	14
235	242	257	236	213	194	168	145	137	137	159	165	203	251	249	15
224	232	253	240	223	208	186	154	136	129	142	149	187	233	236	16
212	222	251	245	235	227	209	178	154	136	142	141	178	220	227	17
201	213	249	249	248	247	233	207	185	161	156	145	176	211	220	18
192	204	240	250	257	261	258	233	212	190	175	159	181	207	214	19
186	194	227	246	257	267	282	255	235	217	198	177	191	207	212	20
183	185	214	236	247	266	289	265	249	237	220	194	205	212	212	21
181	175	200	222	234	257	283	264	253	246	231	208	220	220	212	22
180	169	188	207	221	241	269	255	250	246	235	217	228	227	214	23

Avril 1909. Première q

	1	2	3	4	5	6	7	8	9	10	11	12	13	14
0	217	216	222	215	228	232	232	238	255	256	258	263	240	217
1	219	219	223	212	220	219	218	228	243	243	251	263	240	222
2	224	225	230	217	219	217	211	222	234	231	244	261	241	228
3	226	234	241	229	221	223	212	224	231	223	240	260	244	235
4	232	244	252	240	234	231	220	237	236	225	245	263	249	242
5	241	254	262	251	249	248	237	247	245	231	251	273	257	250
6	249	262	270	260	265	262	254	267	257	240	262	285	269	260
7	258	268	274	267	274	267	262	275	269	250	275	295	284	268
8	264	269	274	268	275	266	264	275	278	258	281	230	292	277
9	266	868	270	265	264	256	259	261	276	259	280	302	294	283
10	266	265	260	254	250	240	242	243	257	253	273	305	291	283
11	265	262	249	242	236	221	220	222	234	235	252	274	276	276
12	262	258	240	228	221	202	197	198	211	211	230	253	258	262
13	258	256	238	222	210	190	178	177	188	181	206	232	239	243
14	254	256	240	224	207	184	165	163	168	156	182	209	220	225
15	248	258	245	234	210	186	161	157	155	141	162	188	201	211
16	246	259	253	247	225	198	174	160	156	135	155	175	189	199
17	239	260	262	261	239	218	196	178	170	141	156	171	182	191
18	234	259	268	272	257	240	222	204	192	164	167	176	182	185
19	230	256	269	279	274	259	244	235	218	188	188	192	186	184
20	225	250	263	279	285	271	262	257	243	213	217	209	193	190
21	220	243	252	270	285	273	268	267	259	234	239	225	204	198
22	217	233	236	256	265	266	260	273	269	253	253	237	209	204
23	216	226	226	242	248	250	250	266	267	260	260	240	212	208

Mai 1909. Première q

	1	2	3	4	5	6	7	8	9	10	11	12	13	14
0	206	232	220	247	239	239	231	225	244	252	242	250	249	225
1	210	235	218	242	233	232	225	221	242	249	242	254	251	228
2	214	243	224	241	235	229	223	220	242	245	243	259	253	231
3	218	251	231	248	240	236	226	222	243	245	244	263	256	235
4	223	256	238	255	247	242	234	226	246	250	248	268	258	241
5	227	259	244	262	256	247	244	237	257	261	256	276	263	245
6	230	259	247	255	261	250	254	250	270	271	268	289	267	249
7	231	256	243	260	255	248	254	257	278	279	281	301	273	251
8	230	250	234	256	240	235	243	249	275	282	286	310	280	252
9	228	243	226	231	221	214	222	233	262	272	283	314	281	253
10	225	236	220	217	201	192	200	214	243	256	271	308	275	252
11	223	230	214	206	183	171	175	192	221	232	252	296	272	248
12	224	225	209	190	165	148	151	169	199	207	229	281	256	242
13	226	222	210	184	153	134	132	145	174	177	205	263	242	235
14	230	225	217	190	154	132	117	125	153	163	185	242	228	227
15	233	231	230	206	169	141	113	122	141	145	168	225	217	221
16	238	238	245	222	190	159	120	130	140	139	163	211	210	218
17	243	245	259	239	215	184	145	151	146	143	164	206	204	217
18	246	250	269	256	241	214	173	174	165	160	173	207	203	218
19	247	252	274	270	262	237	198	199	193	182	188	213	204	220
20	247	250	276	277	269	252	221	225	220	203	205	222	207	223
21	244	246	272	272	269	258	232	245	238	223	222	234	213	225
22	240	240	264	263	262	254	236	254	248	238	237	242	219	227
23	235	230	255	250	251	213	233	251	252	241	245	245	223	229

me quinzaine. Avril 1909

6	17	18	19	20	21	22	23	24	25	26	27	28	29	30	
05	207	228	232	242	242	245	245	244	245	232	266	255	228	216	0
09	209	226	228	237	239	240	238	240	235	224	263	255	228	220	1
14	214	227	228	234	242	240	237	240	232	217	260	254	228	224	2
21	220	230	232	237	245	250	245	244	233	217	257	252	229	228	3
30	227	233	237	242	252	259	260	253	238	223	257	250	230	233	4
41	236	240	240	251	262	268	276	267	251	234	261	252	232	238	5
51	244	245	242	253	266	278	290	290	274	250	271	258	235	243	6
59	250	249	241	249	264	282	298	303	294	270	285	266	238	246	7
54	254	245	235	236	252	272	293	308	302	288	297	275	241	246	8
56	255	238	226	218	230	246	279	299	301	291	304	280	246	246	9
63	255	230	214	198	209	222	254	277	286	284	306	278	247	245	10
58	253	224	205	182	188	195	226	248	265	269	300	273	248	243	11
53	250	221	198	168	164	168	194	221	236	251	281	265	245	241	12
43	248	219	193	161	149	147	168	194	209	233	262	255	240	237	13
39	247	220	194	161	144	132	147	167	182	213	244	242	233	234	14
35	248	227	199	170	148	130	135	151	161	195	227	227	224	229	15
33	249	236	211	190	164	145	139	148	147	184	213	213	215	225	16
30	251	246	227	216	189	172	160	154	150	180	205	206	209	221	17
28	253	253	244	240	212	202	191	172	160	184	204	205	206	217	18
24	256	260	257	256	235	229	220	194	181	198	210	205	205	213	19
19	253	262	260	266	257	245	243	224	205	219	225	207	205	210	20
14	248	258	259	269	262	254	254	246	222	241	236	218	207	206	21
11	243	249	255	265	259	257	257	251	233	255	246	225	210	205	22
08	236	241	248	254	253	253	253	252	237	264	252	227	213	204	23

me quinzaine. Mai 1909.

16	17	18	19	20	21	22	23	24	25	26	27	28	29	30	31	
80	276	263	248	271	277	263	248	249	254	266	261	249	252	265	263	0
80	275	263	250	274	277	260	245	245	250	262	259	248	255	267	264	1
80	274	263	255	280	277	261	244	244	246	257	254	246	254	268	266	2
80	274	263	262	291	287	268	248	245	244	252	250	244	251	270	269	3
80	274	262	268	305	305	283	258	215	246	251	248	242	247	270	270	4
78	273	256	271	309	321	300	273	263	255	252	248	240	244	266	266	5
75	268	244	268	305	326	314	293	267	268	255	250	239	241	260	257	6
70	257	227	255	285	316	316	301	290	282	265	253	240	238	252	245	7
64	243	212	238	263	293	307	301	297	293	277	258	243	234	244	231	8
58	229	192	218	238	264	281	290	294	298	284	261	245	233	239	220	9
52	217	173	195	215	229	252	263	280	292	284	261	246	234	234	212	10
49	210	162	171	192	202	220	236	253	275	278	258	246	236	233	208	11
47	206	156	152	170	175	188	208	225	255	263	252	245	238	235	207	12
248	205	156	142	158	157	162	169	200	232	243	241	242	238	238	208	13
250	208	163	141	158	152	142	156	176	211	222	225	238	239	240	212	14
255	217	177	150	171	153	139	143	164	192	204	211	232	239	244	220	15
262	230	196	172	195	164	142	141	160	182	190	198	226	239	249	229	16
268	245	217	199	222	187	159	143	162	180	185	195	221	239	253	240	17
274	257	237	226	242	215	180	156	173	190	192	200	221	240	256	250	18
280	266	251	252	264	240	212	188	191	208	208	210	223	243	258	256	19
284	272	257	267	276	260	238	220	211	228	224	220	228	247	259	257	20
273	272	257	272	280	270	254	247	232	247	240	230	235	251	260	256	21
281	270	253	274	282	269	255	252	249	260	252	240	240	256	261	252	22
278	266	250	272	279	266	251	251	256	166	258	246	246	261	262	250	23

Juin 1909. **Première quinz[aine]**

	1	2	3	4	5	6	7	8	9	10	11	12	13	14	15
0	250	241	249	269	303	305	274	279	276	261	252	235	233	253	311
1	251	238	248	266	300	300	273	278	276	259	249	229	231	231	312
2	252	240	250	268	299	294	273	278	276	256	246	220	227	247	311
3	253	243	256	274	299	294	275	278	276	255	244	214	220	238	302
4	253	246	262	281	303	299	280	282	276	255	244	208	212	228	289
5	251	247	265	287	310	307	289	292	285	256	244	204	205	217	273
6	243	240	262	289	313	310	299	304	297	263	245	199	199	206	255
7	226	223	251	279	307	308	303	312	304	270	246	197	192	196	235
8	209	203	232	256	291	297	300	313	307	277	247	197	186	187	215
9	192	185	207	232	267	275	286	306	306	280	249	199	187	182	199
10	175	167	183	209	244	249	265	289	297	276	250	203	191	183	190
11	161	152	162	191	219	220	239	263	276	268	248	204	196	189	187
12	155	141	146	176	197	190	212	236	255	255	243	206	202	197	188
13	150	140	141	165	177	166	186	210	235	238	234	210	206	205	193
14	173	146	146	165	168	145	160	185	214	219	222	211	210	214	203
15	189	165	160	174	171	140	146	169	194	202	212	211	212	228	214
16	206	187	180	189	190	144	147	165	182	192	201	210	215	243	229
17	224	209	204	216	213	163	162	172	180	190	195	208	219	256	245
18	240	232	230	242	236	184	186	190	189	195	196	206	224	268	263
19	251	247	253	267	263	212	210	211	207	210	204	207	231	278	279
20	256	255	268	289	289	240	233	231	229	226	212	213	238	286	290
21	255	258	276	304	305	260	254	251	243	238	223	221	246	294	298
22	250	257	279	308	309	271	271	266	253	246	229	229	252	303	305
23	245	253	277	306	308	274	277	274	259	251	234	233	254	308	311

Juillet 1909. **Première quinz[aine]**

	1	2	3	4	5	6	7	8	9	10	11	12	13	14	15
0	281	300	318	291	283	285	249	222	220	234	280	279	314	308	278
1	281	300	314	288	280	282	245	215	206	226	270	265	306	301	273
2	282	301	314	290	283	284	239	211	196	215	251	251	288	292	268
3	282	301	314	295	287	286	237	207	186	205	232	234	268	278	257
4	278	299	314	300	292	291	239	207	185	196	217	217	248	264	246
5	268	294	311	301	299	300	249	213	188	190	206	204	226	236	226
6	253	284	303	299	302	309	263	226	196	195	197	193	207	208	206
7	230	268	281	288	298	311	270	234	205	201	189	182	189	183	183
8	208	250	257	269	281	299	268	238	213	209	190	178	179	158	160
9	187	227	229	240	258	279	260	239	209	219	196	180	177	146	145
10	172	200	203	213	236	259	246	237	220	229	206	188	178	142	130
11	164	185	179	187	208	230	221	226	215	234	213	198	183	143	124
12	162	178	159	165	180	206	198	207	205	233	216	208	191	153	120
13	165	179	152	148	161	186	175	184	194	230	218	216	199	164	125
14	177	185	154	141	152	169	158	166	181	223	216	221	208	175	135
15	198	201	159	140	150	158	148	152	169	216	214	225	217	185	152
16	220	221	174	151	155	158	146	149	165	213	215	229	227	195	168
17	242	246	200	175	175	168	153	153	166	215	220	237	237	206	184
18	261	270	226	201	200	189	172	170	176	223	228	248	247	217	200
19	280	290	249	228	225	212	191	189	195	237	240	261	258	227	215
20	293	307	270	252	250	232	207	207	214	253	254	274	270	239	227
21	299	316	282	271	267	245	220	222	225	264	268	287	280	250	238
22	301	320	287	280	277	250	227	227	231	273	283	298	289	262	248
23	301	321	290	283	283	251	226	225	234	280	289	309	300	272	258

Deuxième quinzaine. **Juin 1909.**

16	17	18	19	20	21	22	23	24	25	26	27	28	29	30	
315	308	299	288	261	258	239	251	261	259	251	255	262	270	280	**0**
321	312	304	291	259	253	234	246	252	250	249	252	262	268	282	**1**
323	318	312	297	262	252	231	241	244	241	244	246	260	265	279	**2**
319	322	319	306	271	254	230	236	237	233	233	239	253	261	274	**3**
307	323	325	316	282	261	232	235	235	226	227	231	241	252	265	**4**
291	320	323	322	292	272	242	241	236	221	213	222	228	239	253	**5**
274	308	310	317	295	284	259	253	243	221	209	211	215	220	237	**6**
251	278	285	302	293	28[illegible]	268	268	251	226	208	203	204	204	215	**7**
225	247	258	275	277	278	269	272	259	236	209	198	196	193	195	**8**
204	221	229	244	250	257	263	272	264	241	211	199	194	185	183	**9**
189	200	204	214	221	234	244	265	263	241	214	203	196	181	175	**10**
181	182	185	189	198	206	221	247	256	237	218	207	202	182	172	**11**
178	173	172	170	175	178	198	226	244	231	220	210	208	187	173	**12**
181	173	166	159	157	156	177	205	228	222	219	214	214	197	180	**13**
191	183	166	155	146	143	159	183	212	212	213	215	220	208	192	**14**
205	199	174	158	147	139	151	165	198	202	208	215	225	220	205	**15**
223	216	194	171	161	144	150	159	191	194	203	216	230	230	221	**16**
244	237	218	195	185	161	155	165	191	191	200	217	236	241	239	**17**
263	263	244	221	210	181	174	185	199	193	201	219	241	251	256	**18**
278	279	263	243	234	205	199	208	214	204	205	224	247	260	268	**19**
288	289	276	257	252	226	227	231	232	222	215	233	253	267	275	**20**
293	294	284	265	259	243	249	248	250	237	228	244	260	270	280	**21**
296	297	287	266	261	246	254	259	261	246	240	255	267	272	282	**22**
302	297	288	265	262	244	253	263	263	250	251	261	270	276	281	**23**

Deuxième quinzaine. **Juillet 1909.**

16	17	18	19	20	21	22	23	24	25	26	27	28	29	30	31	
267	239	241	266	249	266	274	275	252	260	264	272	280	280	280	285	**0**
273	243	242	260	243	256	264	261	238	248	256	261	277	277	281	286	**1**
279	248	246	260	237	247	254	244	225	230	242	250	273	270	282	288	**2**
283	255	255	266	245	246	243	232	208	212	232	237	259	261	281	286	**3**
281	259	268	275	256	256	233	220	197	199	218	226	245	250	281	284	**4**
272	257	275	287	266	268	232	216	190	192	203	212	235	236	279	277	**5**
248	249	274	290	276	282	245	217	190	189	197	200	225	223	276	270	**6**
225	235	265	288	281	296	258	224	195	192	196	192	207	207	253	253	**7**
191	208	247	275	280	297	269	236	204	199	200	185	190	190	225	237	**8**
166	185	225	257	267	291	276	246	218	209	210	183	183	177	202	213	**9**
141	160	200	235	246	278	276	248	229	219	220	185	177	165	180	188	**10**
125	141	187	210	222	261	265	246	232	224	228	190	176	158	171	178	**11**
117	125	163	182	201	241	247	237	231	226	233	195	175	153	165	168	**12**
117	115	145	160	181	222	227	218	224	224	235	205	177	154	163	165	**13**
125	123	140	151	168	202	207	197	210	218	232	215	180	156	165	163	**14**
140	140	155	150	164	187	185	182	198	210	230	222	187	168	171	170	**15**
160	155	180	160	173	170	172	170	187	208	229	230	195	179	178	178	**16**
176	174	202	180	194	167	171	169	183	209	233	235	205	198	198	198	**17**
196	193	227	203	220	172	181	173	186	214	238	240	215	217	218	218	**18**
211	216	247	225	241	189	200	188	203	227	246	246	230	230	230	238	**19**
223	233	264	250	261	216	229	207	220	237	254	252	244	243	258	258	**20**
230	241	271	260	281	242	256	227	241	254	262	201	257	256	269	269	**21**
235	243	272	259	282	262	272	244	252	264	270	270	270	269	278	280	**22**
237	242	270	256	276	277	276	253	262	266	274	276	277	275	283	282	**23**

Août 1909. Première quinzaine.

	1	2	3	4	5	6	7	8	9	10	11	12	13	14	15
0	282	290	260	254	234	237	260	...	...	...	...	...	...	...	...
1	282	288	257	250	225	220	...	...	...	...	...	...	...	...	...
2	282	286	255	247	217	204	...	...	...	...	...	...	...	...	...
3	283	287	257	251	216	200	...	...	...	...	...	...	...	...	...
4	284	288	260	259	215	197	...	...	...	...	...	...	...	...	...
5	283	289	268	265	223	205	...	...	...	...	...	...	...	...	...
6	280	290	280	269	240	228	...	...	...	...	...	...	...	...	...
7	272	282	283	272	246	242	...	...	...	...	...	...	...	...	...
8	260	270	280	271	250	250	...	...	...	...	...	...	...	...	...
9	242	242	260	268	250	260	...	...	...	...	...	...	...	...	...
10	225	215	224	255	248	262	...	...	...	...	...	...	...	...	...
11	205	190	202	231	234	260	...	...	...	...	...	...	...	...	...
12	185	165	180	207	220	250	...	...	...	...	...	...	...	...	...
13	168	150	165	188	205	232	...	...	...	...	...	...	...	...	...
14	160	145	160	168	190	215	...	...	...	...	...	...	...	...	...
15	162	150	163	165	180	212	...	...	...	...	...	...	...	...	...
16	170	160	170	168	178	210	...	...	...	...	...	...	...	...	...
17	190	175	190	186	185	226	...	...	...	...	...	...	...	...	...
18	210	190	210	204	193	244	...	...	...	...	...	...	...	...	...
19	232	210	227	225	212	256	...	...	...	...	...	...	...	...	...
20	255	230	245	240	230	267	...	...	...	...	...	...	...	...	...
21	267	243	254	243	243	273	...	...	...	...	...	...	...	...	...
22	280	256	263	245	245	275	...	...	...	...	...	...	...	...	...
23	287	259	260	241	243	272	...	...	...	...	...	...	...	...	...

Novembre 1909. Première quinzaine.

	1	2	3	4	5	6	7	8	9	10	11	12	13	14	15
0	154	192	220	240	249	250	234	225	186	184	167	154	134	124	126
1	136	165	189	211	225	229	225	223	190	189	170	149	124	114	112
2	119	139	159	182	202	208	216	218	194	199	178	159	129	108	99
3	117	129	143	160	188	198	212	214	201	214	203	183	154	120	92
4	124	134	144	154	175	189	208	214	209	226	222	206	179	144	124
5	149	158	156	151	174	184	206	214	214	237	238	230	215	184	159
6	174	183	176	169	178	182	208	213	218	244	254	254	240	214	194
7	209	209	198	190	189	189	209	213	220	249	264	266	254	234	223
8	224	234	219	206	204	199	213	211	217	250	264	271	261	254	249
9	239	252	236	221	218	205	217	210	216	243	258	269	262	259	255
10	242	254	254	234	232	210	221	209	213	235	251	262	256	259	259
11	236	252	255	237	236	218	226	208	208	228	241	248	246	249	249
12	229	244	247	226	236	220	231	209	207	222	232	236	238	240	239
13	226	238	242	225	233	221	232	211	215	225	233	234	232	234	235
14	227	236	238	224	229	221	232	212	222	228	239	234	230	229	231
15	237	238	242	222	227	220	233	213	228	237	245	239	235	233	235
16	254	250	247	231	225	220	234	215	233	247	252	244	242	239	241
17	276	273	265	242	230	222	236	217	235	249	256	254	249	251	255
18	296	297	285	255	236	224	237	216	234	246	259	259	255	262	265
19	306	310	302	268	244	229	236	209	225	235	244	246	247	264	263
20	304	314	314	281	254	235	234	203	216	224	233	231	234	244	254
21	291	304	313	286	264	238	233	196	204	210	214	208	214	222	234
22	258	284	300	284	266	241	230	189	194	196	194	184	194	200	206
23	225	252	271	270	259	238	228	186	189	181	174	159	159	163	172

Deuxième quinzaine. Octobre 1909.

	16	17	18	19	20	21	22	23	24	25	26	27	28	29	30	31
0	...	...	...	...	...	236	252	264	259	247	221	289	156	146	126	139
1	...	...	...	...	...	205	224	242	246	237	220	187	154	139	113	125
2	...	...	...	...	...	176	199	222	232	233	219	193	159	146	110	113
3	...	...	...	...	...	164	184	205	221	229	223	202	178	169	210	122
4	...	...	...	...	...	157	174	193	212	225	228	214	197	191	144	134
5	...	...	...	...	...	158	170	185	207	221	232	227	217	214	182	169
6	...	...	...	...	173	171	174	185	204	219	234	236	237	238	210	203
7	...	...	...	...	204	194	186	188	203	219	234	243	248	254	236	231
8	...	...	...	...	228	209	206	194	203	214	229	242	251	260	247	244
9	...	...	...	...	247	229	219	200	204	209	224	237	248	262	253	254
10	...	...	...	...	256	244	231	204	204	206	214	230	243	254	248	254
11	...	...	...	...	256	252	239	207	203	198	206	217	237	246	242	248
12	...	...	...	...	255	254	244	209	204	196	199	210	227	237	236	240
13	...	...	...	...	254	254	247	218	206.	196	195	204	225	234	235	242
14	...	...	...	...	250	256	252	225	210	197	198	204	228	235	239	244
15	...	...	...	...	251	257	257	232	219	204	204	206	231	243	254	254
16	...	...	...	...	257	264	264	242	230	211	210	207	236	252	269	274
17	...	...	...	...	269	274	272	255	242	223	214	216	244	254	278	290
18	...	...	...	...	282	284	285	264	249	236	221	216	244	254	285	305
19	...	...	...	...	294	295	295	269	259	239	219	213	233	241	282	303
20	...	...	...	...	303	304	301	283	264	241	219	204	219	226	265	297
21	...	...	...	...	298	304	302	284	264	236	213	192	196	204	239	269
22	...	...	...	...	284	292	294	279	261	231	203	177	176	174	204	233
23	...	...	...	...	266	274	283	270	254	226	195	159	161	149	170	194

Deuxième quinzaine. Novembre 1909.

16	17	18	19	20	21	22	23	24	25	26	27	28	29	30	
139	162	187	219	235	239	244	...	...	...	...	...	...	...	...	0
121	138	177	196	213	221	...	...	...	...	...	...	...	...	...	1
102	116	128	174	192	204	...	...	...	...	...	...	...	...	...	2
97	104	118	162	173	196	...	...	...	...	...	...	...	...	...	3
114	114	114	152	168	189	...	...	...	...	...	...	...	...	...	4
144	136	132	162	166	181	...	...	...	...	...	...	...	...	...	5
174	159	154	174	176	187	...	...	...	...	...	...	...	...	...	6
207	189	179	193	189	196	...	...	...	...	...	...	...	...	...	7
234	218	204	212	203	204	...	...	...	...	...	...	...	...	...	8
250	238	224	227	218	213	...	...	...	...	...	...	...	...	...	9
254	248	234	238	229	219	...	...	...	...	...	...	...	...	...	10
248	251	238	246	232	224	...	...	...	...	...	...	...	...	...	11
242	244	239	247	234	226	...	...	...	...	...	...	...	...	...	12
238	242	238	246	235	227	...	...	...	...	...	...	...	...	...	13
235	240	238	244	236	229	...	...	...	...	...	...	...	...	...	14
237	244	240	247	239	232	...	...	...	...	...	...	...	...	...	15
241	249	244	249	242	238	...	...	...	...	...	...	...	...	...	16
257	262	256	260	248	244	...	...	...	...	...	...	...	...	...	17
274	274	269	272	255	249	...	...	...	...	...	...	...	...	...	18
277	280	279	281	262	253	...	...	...	...	...	...	...	...	...	19
273	279	284	290	269	256	...	...	...	...	...	...	...	...	...	20
254	267	279	284	269	257	...	...	...	...	...	...	...	...	...	21
232	254	266	273	260	257	...	...	...	...	...	...	...	...	...	22
197	219	243	254	250	251	...	...	...	...	...	...	...	...	...	23

Observations enregistrées à l'anse aux Baleiniers, dans l'île Déception.

Latitude : 62° 58' Sud.
Longitude : 62° 54' Ouest.

Du 29 novembre au 15 décembre 1909.

	Novembre.		Décembre 1909.													
	29	30	1	2	3	4	5	6	7	8	9	10	11	12	13	14
0	54	98	142	155	175	182	204	185	181	149	143	103	101	61	87	67
1	43	73	106	125	142	160	193	189	192	166	166	125	119	69	78	51
2	49	64	87	100	116	144	179	188	201	182	185	152	145	101	91	58
3	79	76	86	90	96	128	164	181	203	191	205	182	180	141	130	84
4	125	110	99	92	89	113	152	173	197	196	218	206	218	183	173	126
5	169	155	133	108	95	107	146	165	191	196	226	223	240	220	214	168
6	208	194	170	141	115	115	146	159	185	190	221	228	251	241	246	203
7	236	230	203	172	141	133	151	156	177	180	212	224	245	248	260	231
8	247	250	227	200	164	156	163	159	172	171	196	210	230	241	262	239
9	245	254	242	218	189	181	174	167	172	165	185	195	213	227	253	236
10	229	246	239	228	200	199	188	179	177	164	176	182	198	212	234	223
11	211	233	224	221	200	208	200	193	186	174	176	178	188	200	216	207
12	196	221	208	209	195	209	208	203	194	186	186	182	188	195	202	195
13	188	209	198	193	187	205	209	207	203	199	201	197	194	198	200	190
14	211	204	191	186	176	195	205	207	210	209	211	212	208	215	208	196
15	213	211	190	178	164	184	196	204	210	216	223	224	224	233	223	211
16	237	227	202	178	157	172	189	197	203	212	224	235	237	251	243	227
17	262	252	225	187	164	161	180	185	190	199	215	232	239	259	261	245
18	274	271	244	201	179	167	169	171	170	182	193	212	224	255	257	257
19	269	273	253	217	191	180	164	159	149	159	163	185	193	236	242	255
20	251	264	254	227	199	191	164	150	132	156	133	156	159	206	214	237
21	215	247	244	231	203	201	168	149	124	122	108	131	125	173	179	109
22	173	212	220	221	203	206	175	152	125	119	90	108	98	138	139	172
23	133	172	189	197	194	208	180	165	136	124	91	89	72	104	100	132

Observations diverses de courte durée enregistrées :

I. — A Pendulum Cove, île Déception.

Par 62° 58′ de latitude Sud.
Et 62° 54′ de longitude Ouest.

Du 23 au 26 décembre 1908.

II. — A la côte ouest de l'île Jenny.

Par 67° 43′ de latitude Sud.
Et 70° 46′ de longitude Ouest.

Du 28 au 30 janvier 1909.

III. — A la partie est de la baie de l'Amirauté, dans l'île du Roi-George.

Par 62° 06′ de latitude Sud.
Et 60° 45′ de longitude Ouest.

Du 25 au 27 décembre 1909.

I

	Décembre 1908.		
	23	24	25
0	...	639	651
1	...	630	630
2	662	639	628
3	700	672	651
4	736	713	693
5	773	756	...
6	801	791	...
7	816	815	...
8	820	827	...
9	810	822	...
10	791	807	...
11	774	790	...
12	768	771	...
13	768	769	...
14	781	773	...
15	804	791	...
16	818	816	...
17	825	829	...
18	829	838	...
19	815	835	...
20	786	813	...
21	744	772	...
22	700	728	...
23	664	689	...

II

	Janvier 1909.		
	28	29	30
0	...	381	381
1	...	370	374
2	340	359	368
3	344	354	366
4	346	349	364
5	356	358	368
6	376	374	382
7	400	402	405
8	423	426	428
9	442	447	...
10	448	456	...
11	440	454	...
12	421	441	...
13	398	416	...
14	375	389	...
15	353	365	...
16	339	348	...
17	339	338	...
18	346	338	...
19	356	348	...
20	366	356	...
21	379	366	...
22	389	376	...
23	389	382	...

III

	Décembre 1909.		
	25	26	27
0	...	67	...
1	...	100	...
2	...	158	...
3	210	218	...
4	240	268	...
5	270	300	...
6	289	314	...
7	285	315	...
8	266	307	...
9	248	286	...
10	233	259	...
11	228	240	...
12	230	241	...
13	240	259	...
14	260	280	...
15	278	297	...
16	282	309	...
17	270	311	...
18	248	295	...
19	210	260	...
20	170	221	...
21	133	170	...
22	96	...	...
23	70	...	...

NIVEAUX MOYENS QUOTIDIENS

ET

PRESSIONS ATMOSPHÉRIQUES MOYENNES QUOTIDIENNES

Pendant la durée des observations à Port-Circoncision

NOTA. — Les moyennes quotidiennes sont prises pour le jour astronomique.

Février 1909.

Dates.	Niveau moyen.	Baromètre moyen.
3	213	751,9
4	223	744,7
5	234	734,8
6	240	731,8
7	229	740,8
8	220	745,6
9	216	745,3
10	220	738,0
11	230	733,2
12	227	737,6
13	224	739,4
14	239	731,2
16	234	736,3
17	228	743,1
18	232	742,1
19	226	744,7
20	231	737,7
21	229	732,8
22	225	736,0
23	220	740,4
24	216	743,8
25	218	742,8
26	219	743,2
27	223	742,0
28	242	731,5

Mars 1909.

Dates.	Niveau moyen.	Baromètre moyen.
1	254	723,9
2	246	731,7
3	248	734,3
4	238	737,6
5	229	740,9
6	227	747,7
7	221	748,3
8	219	746,3
9	231	737,4
10	224	742,7
11	233	734,1
12	233	735,5
13	241	732,9
14	250	728,3
15	256	726,6
16	239	737,1
17	233	745,7
18	227	748,3
19	233	744,6
20	221	745,8
21	222	741,0
22	219	740,2
23	231	736,1
24	235	731,1
25	224	743,3
26	220	750,2
27	224	753,1
28	216	579,0
29	228	752,6
30	253	732,8
31	245	732,9

Avril 1909.

Dates.	Niveau moyen.	Baromètre moyen.
1	241	737,0
2	250	730,4
3	251	728,6
4	248	730,6
5	244	733,4
6	234	741,0
7	225	746,6
8	228	744,6
9	230	747,2
10	216	749,4
11	230	743,9
12	243	734,5
13	235	737,6
14	231	738,4
15	236	732,0
16	243	729,3
17	243	723,0
18	238	724,8
19	230	732,9
20	225	739,7
21	223	742,7
22	222	743,1
23	229	740,4
24	233	737,1
25	227	744,8
26	235	739,2
27	255	724,4
28	243	732,7
29	227	742,2
30	228	738,2

Mai 1909.

Dates.	Niveau moyen.	Baromètre moyen.
1	230	737,3
2	242	729,5
3	240	732,5
4	239	735,7
5	226	743,7
6	212	754,1
7	200	760,6
8	206	756,5
9	221	746,8
10	221	745,6
11	229	740,0
12	257	720,1
13	241	720,5
14	234	732,1
15	262	721,3
16	269	717,5
17	249	728,2
18	223	745,2
19	226	741,4
20	247	727,1
21	245	730,0
22	235	742,3
23	228	747,0
24	233	743,7
25	243	739,9
26	244	741,0
27	238	743,9
28	239	745,4
29	244	741,3
30	253	734,2
31	242	741,1

Juin 1909.

Dates.	Niveau moyen.	Baromètre moyen.
1	222	752,0
2	213	755,4
3	225	747,2
4	246	735,4
5	262	729,1
6	243	739,3
7	242	740,8
8	252	737,5
9	253	731,0
10	244	733,5
11	232	743,2
12	211	751,9
13	217	746,9
14	237	733,0
15	254	716,6
16	256	718,6
17	260	720,4
18	253	724,3
19	245	732,9
20	234	740,7
21	223	747,1
22	220	755,2
23	230	742,2
24	236	738,1
25	226	745,7
26	220	749,3
27	225	746,8
28	233	741,6
29	234	743,1
30	236	743,7

Juillet 1909.

Dates.	Niveau moyen.	Baromètre moyen.
1	241	741,5
2	261	726,4
3	246	732,2
4	237	743,6
5	241	741,3
6	243	740,1
7	216	752,8
8	214	756,5
9	200	757,2
10	227	740,3
11	229	732,4
12	233	728,2
13	237	730,1
14	228	740,9
15	198	749,6
16	205	743,7
17	203	749,5
18	228	740,5
19	233	737,6
20	238	736,1
21	241	726,7
22	238	725,5
23	222	738,6
24	216	741,2
25	222	741,6
26	234	739,4
27	227	737,5
28	222	728,6
29	216	733,9
30	232	730,1
31	235	724,8

Août 1909.

Dates.	Niveau moyen.	Baromètre moyen.
1	240	726,0
2	231	735,5
3	232	738,9
4	232	735,2
5	222	739,5
6	237	731,5

Octobre 1909.

Dates.	Niveau moyen.	Baromètre moyen.
21	238	730,5
22	240	728,4
23	230	731,7
24	227	732,7
25	220	736,0
26	215	740,8
27	209	747,5
28	214	745,9
29	217	742,8
30	216	746,8
31	225	742,9

Novembre 1909.

Dates.	Niveau moyen.	Baromètre moyen.
1	220	745,8
2	231	736,4
3	235	731,6
4	224	739,7
5	224	736,5
6	216	743,2
7	224	741,5
8	210	748,0
9	212	749,8
10	225	738,3
11	228	734,7
12	224	742,6
13	216	751,2
14	210	751,4
15	207	751,9
16	211	746,3
17	214	747,2
18	216	746,2
19	230	731,8
20	225	733,0
21	225	732,8

NIVEAUX MOYENS MENSUELS.

	Nombre de jours.	Niveau moyen.	Baromètre moyen.
Février.	26	226,56	739,31
Mars.	31	233,06	740,02
Avril.	30	234,72	736,98
Mai.	31	236,08	738,39
Juin.	30	236,08	739,41
Juillet.	31	227,9	738,34
Octobre-Novembre.	32	221.11	740,68

Niveau moyen général.
Période d'observations continues du 3 février au 7 août.

Nombre de jours d'observations : 185.

Baromètre moyen de la période : 738,59.

Niveau moyen de la période : 232,53.

CORBEIL. — IMPRIMERIE CRÉTÉ.

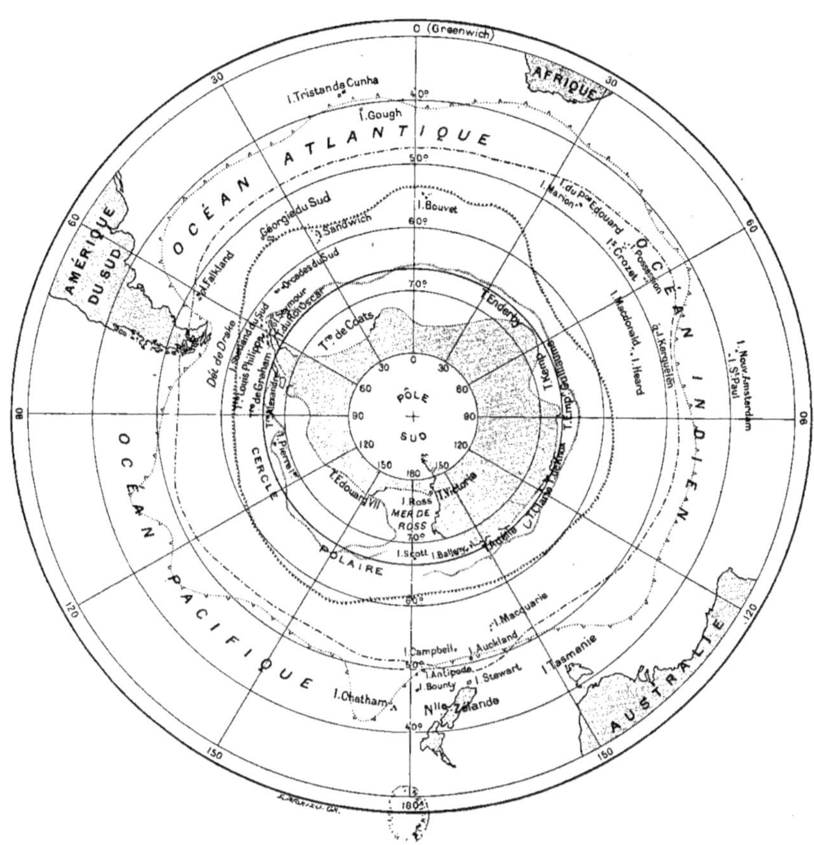

Limite nord de la banquise
Limite nord des glaces de dérive.
Limite nord des icebergs.
Limite nord de la zone circumantarctique

Régions antarctiques.

Masson et Cie, éditeurs.

(*Les jours sont comptés astronomiquement à partir du midi moyen du lieu.*)

Courbes des marées observées à Port-Circoncision (Ile Pétermann).

Masson et Cie, éditeurs.

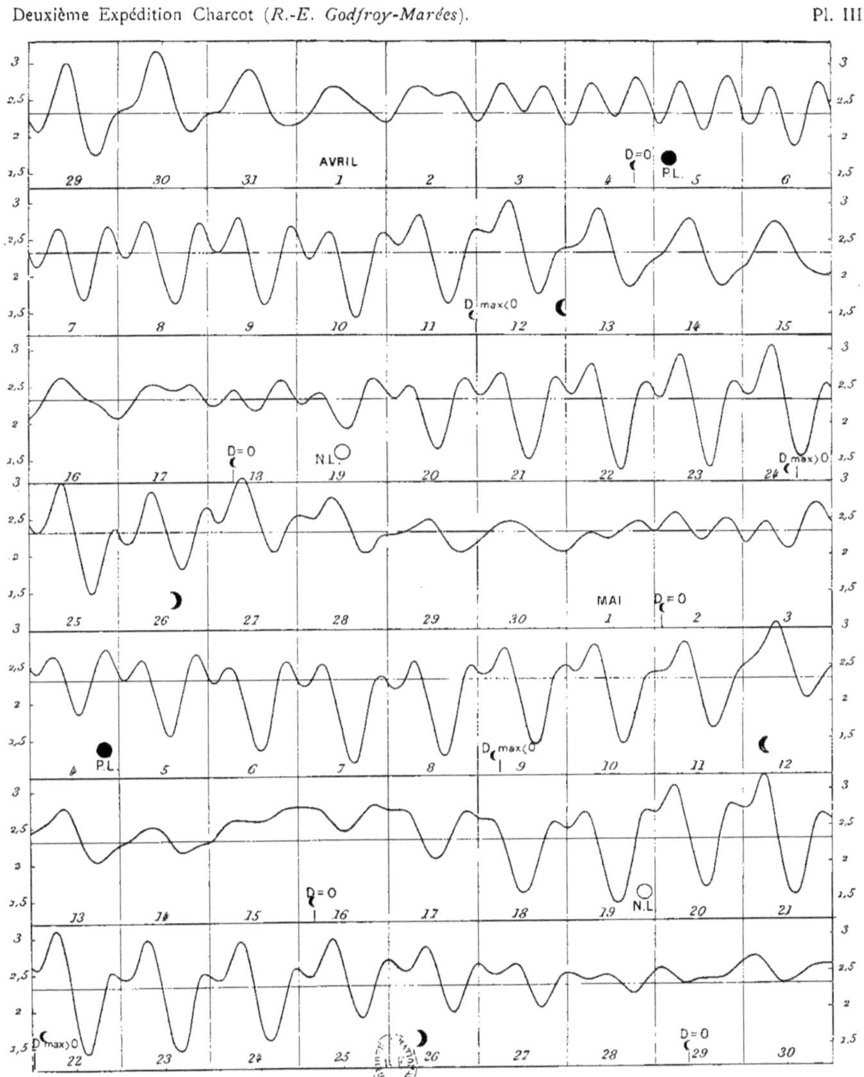

Courbes des marées observées à Port-Circoncision (Ile Pétermann) (Suite).

Masson et Cie, éditeurs.

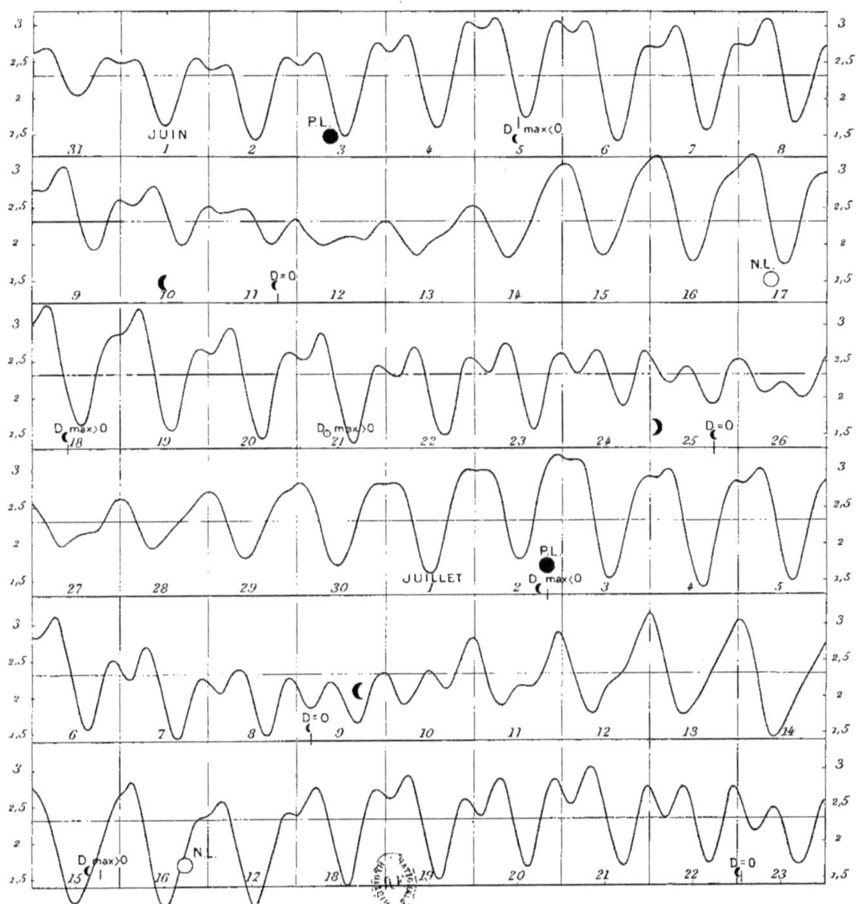

Les jours sont comptés astronomiquement à partir du midi moyen du lieu.)

Courbes des marées observées à Port-Circoncision (Ile Petermann) (Suite).

Masson et Cie, éditeurs.

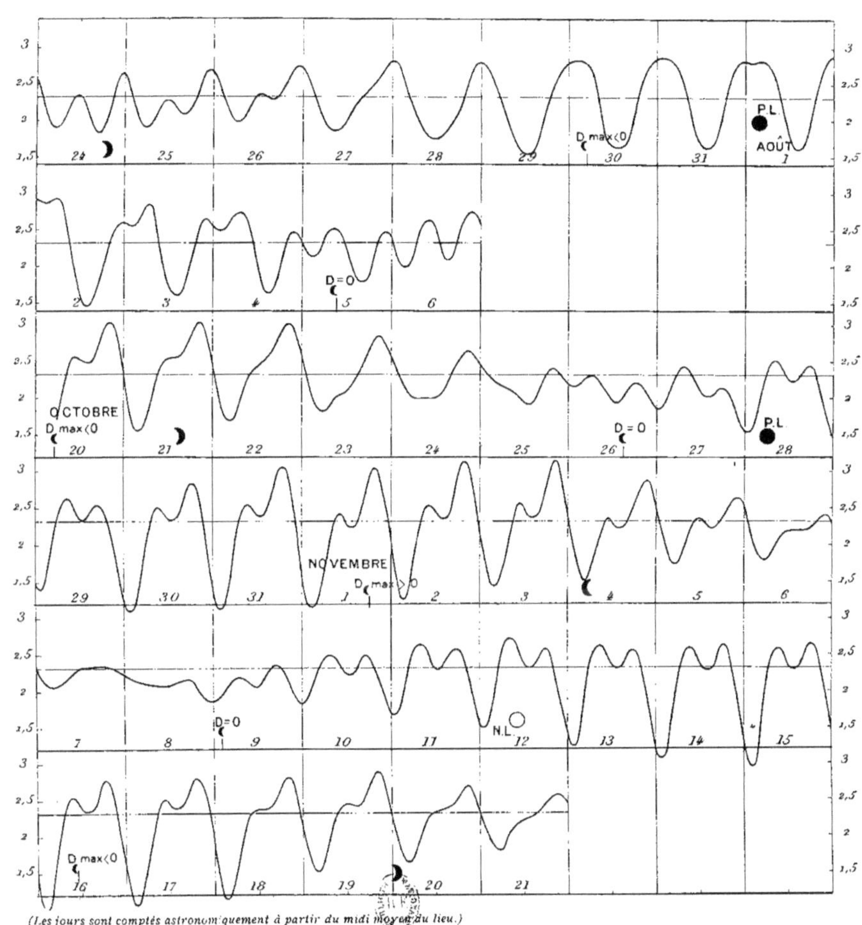

(*Les jours sont comptés astronomiquement à partir du midi moyen du lieu.*)

Courbes des marées observées à Port-Circoncision (Ile Petermann) (Suite et fin).

Masson et Cie, éditeurs.

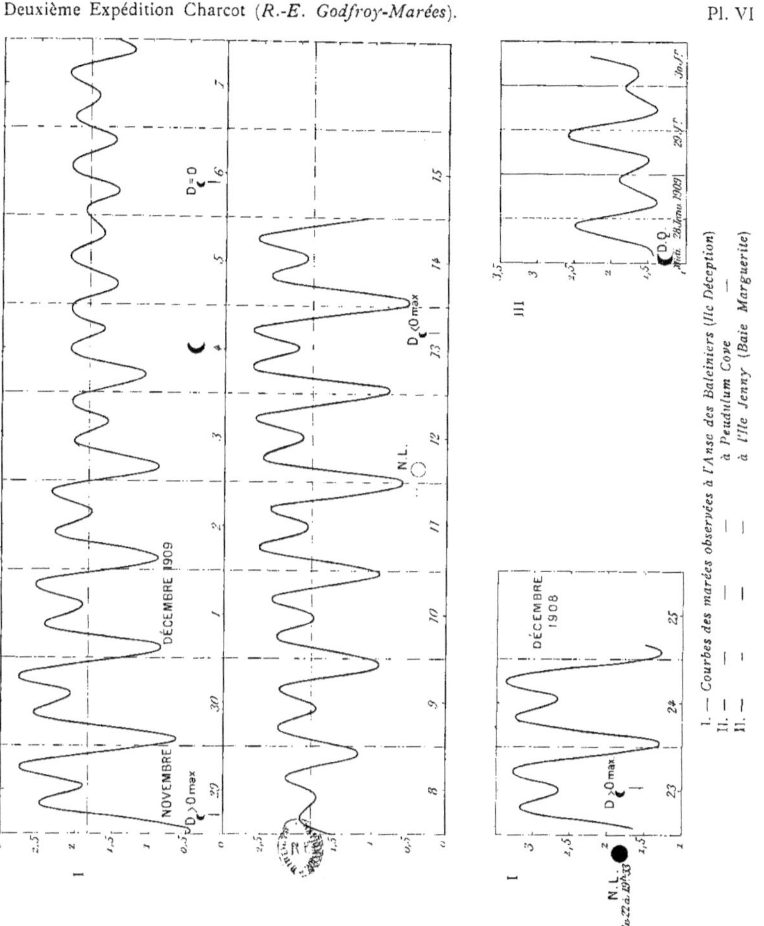

Courbes de Marées.

Masson et Cie, éditeurs

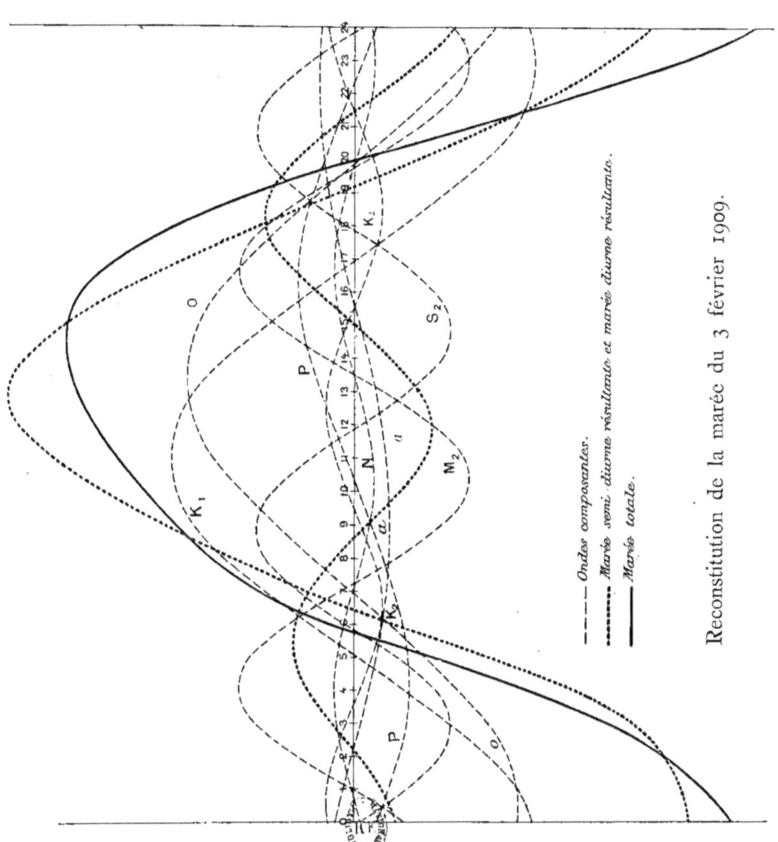

Reconstitution de la marée du 3 février 1909.

Masson et Cie, éditeurs.

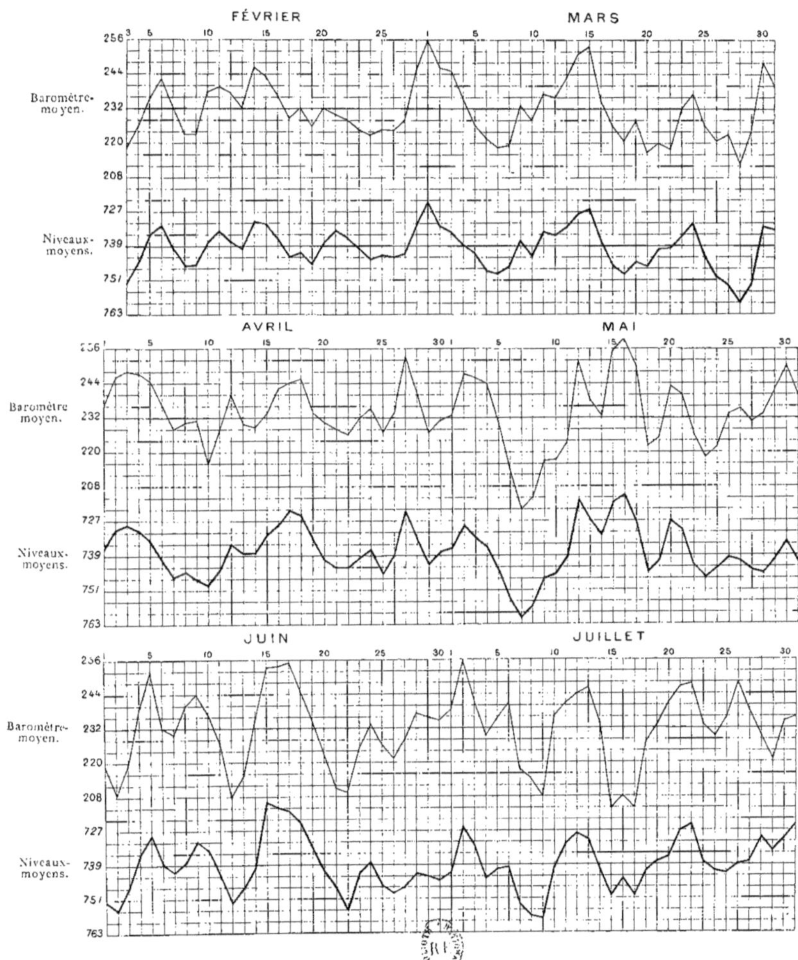

Variations des moyennes barométriques quotidiennes et variations correspondantes des niveaux moyens.

Masson et Cie, éditeurs.

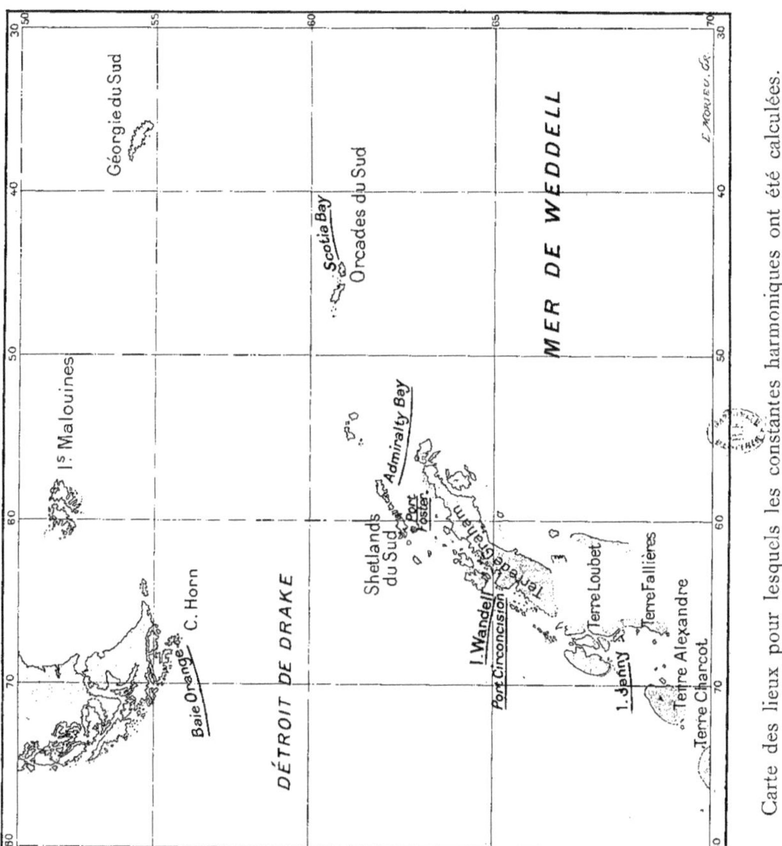

Carte des lieux pour lesquels les constantes harmoniques ont été calculées.

Masson et Cie, éditeurs.

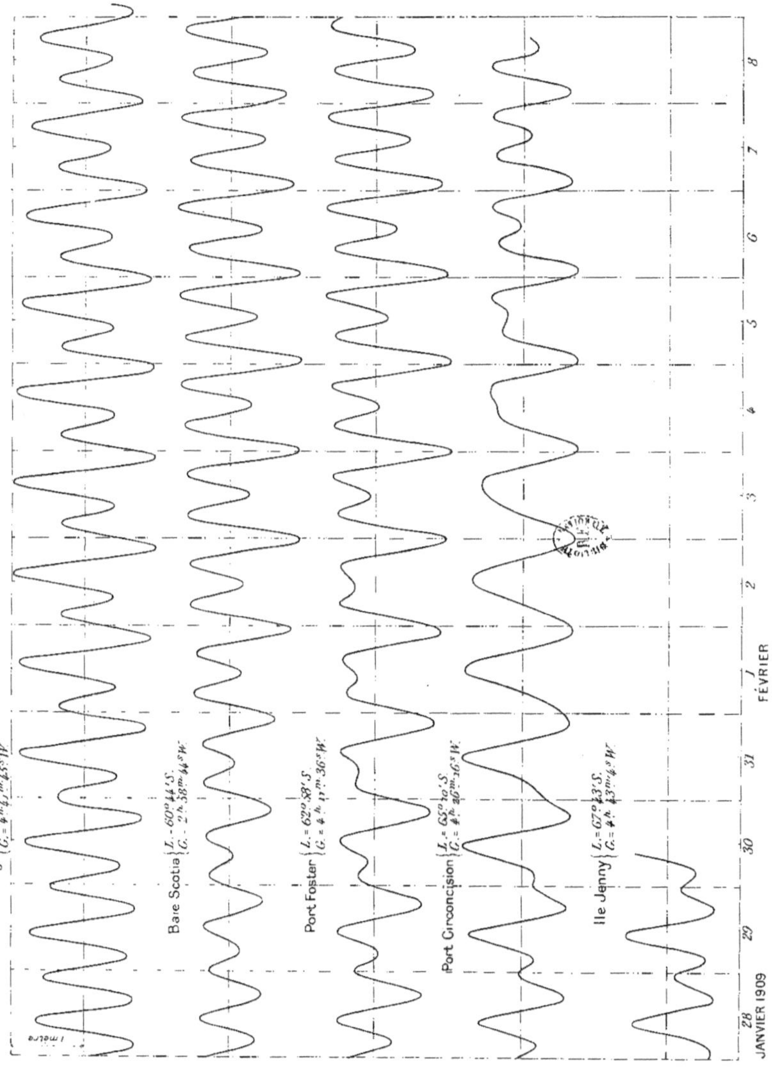

Baie Orange { L. = 55°31' S. G. = 4h 41m 45s W.

Baie Scotia { L. = 60°44' S. G. = 2h 38m 44s W.

Port Foster { L. = 62°58' S. G. = 4h 11m 36s W.

Port Circoncision { L. = 65°10' S. G. = 4h 36m 16s W.

Ile Jenny { L. = 67°43' S. G. = 4h 43m 4s W.

1 mètre

28 JANVIER 1909 — 29 — 30 — 31 — 1 FÉVRIER — 2 — 3 — 4 — 5 — 6 — 7 — 8

Marées du 27 janvier au 9 février 1909 reconstituées pour différents lieux (Temps moyens astronomiques locaux).

Masson et Cie, éditeurs.

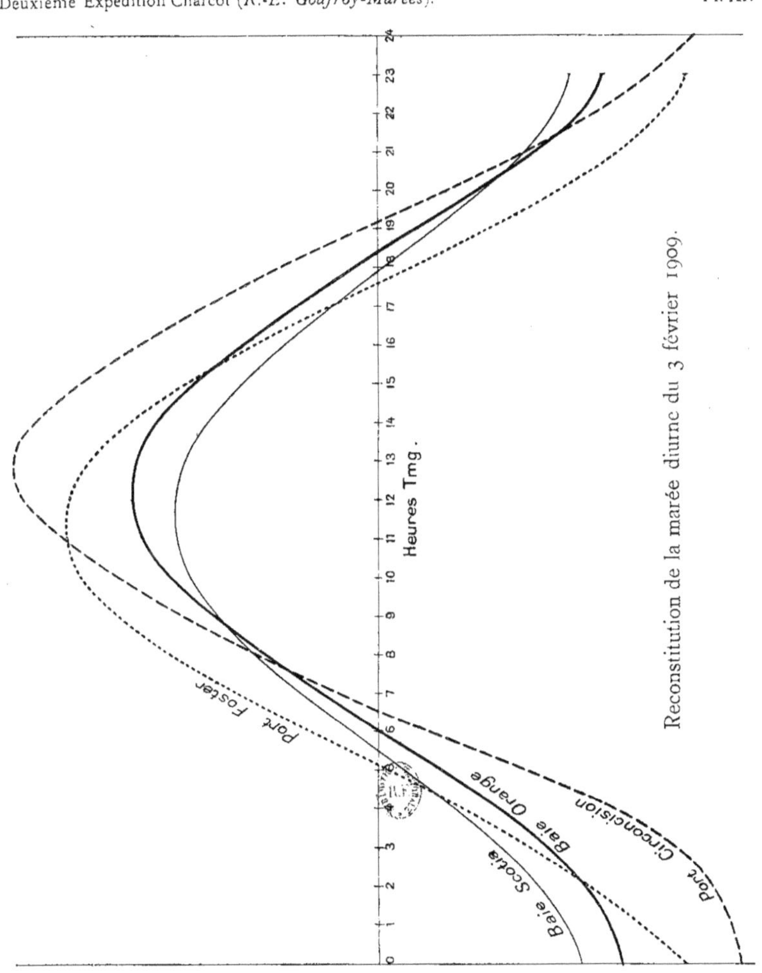

Masson et Cie, éditeurs.

www.ingramcontent.com/pod-product-compliance
Lightning Source LLC
LaVergne TN
LVHW020345230826
846091LV00003B/991

9782011928290